Holt Spanish 3

Cuaderno de vocabulario y gramática

Teacher's Edition

HOLT, RINEHART AND WINSTON

A Harcourt Education Company

Orlando • Austin • New York • San Diego • Toronto • London

Printed in the United States of America

ISBN 0-03-074506-3

1 2 3 4 5 6 7 170 06 05 04

Table of Contents

To the Teacher

An important component of language proficiency is accuracy. The *Cuaderno de vocabulario y gramática* is designed to give students more practice in gaining accuracy with the words, phrases, and structures in ***¡Exprésate!***

Each chapter provides six pages of vocabulary practice and six pages of grammar practice. The activities focus on the vocabulary and grammar presented in that chapter. Following the philosophy of the ***¡Exprésate!*** series, the activities may also include both grammar and vocabulary that has been recycled from earlier chapters.

Every major grammar concept from the *Student Edition* is presented again in this workbook, so that students have another opportunity to understand these concepts before doing the practice activities.

These grammar and vocabulary activities are also available as transparencies in the *Teaching Transparencies* binder.

Nombre ______________________ Clase ______________ Fecha ____________

CAPÍTULO 1

¡Adiós al verano!

VOCABULARIO 1

1 Escoge la palabra que complete mejor las siguientes oraciones.

__b__ **1.** En la costa hay muchas actividades para
a. acampar. **b.** divertirnos. **c.** aburrirnos.

__a__ **2.** Me asustaron los truenos y
a. los relámpagos. **b.** la brisa. **c.** la llovizna.

__a__ **3.** Me gusta hacer windsurfing y esquí acuático; por eso viajé a
a. la costa. **b.** la ciudad. **c.** el bosque.

__c__ **4.** Me aburren los deportes, así que preferí pasear y
a. patinar en línea. **b.** trotar. **c.** conversar.

__c__ **5.** Fui al bosque a
a. hacer windsurfing. **b.** coleccionar caracoles. **c.** acampar.

2 Separa las actividades del cuadro según los lugares en dónde se realizan.

montar a caballo	**hacer windsurfing**	**patinaje en línea**	**acampar**
natación	**esquí acuático**	**pasear**	

en el bosque	en la ciudad	en la costa
montar a caballo	pasear	hacer windsurfing
pasear	patinaje en línea	esquí acuático
acampar		natación

Answers will vary. Sample answers provided.

3 Completa la siguiente historia con las palabras del cuadro.

a cántaros	**llovizna**	**tormenta**	**de película**	**caminata**
calor	**naipes**	**bosque**	**acampar**	

El fin de semana pasado fui al (**1**) __bosque__ con mis amigos. Encontramos el lugar perfecto para (**2**) __acampar__. Dimos una (**3**) __caminata__ por el lugar. Hacía (**4**) __calor__ pero al poco rato comenzó a llover. Era sólo una (**5**) __llovizna__, pero poco después comenzó a llover (**6**) __a cántaros__ por lo que corrimos al campamento. Después de que terminó la (**7**) __tormenta__, hicimos una fogata y jugamos (**8**) __naipes__. ¡Lo pasamos (**9**) __de película__ a pesar de la lluvia!

Nombre ______________________ Clase ______________ Fecha ______________

VOCABULARIO 1

4 Lee las oraciones y decide si cada una es **cierta (C)** o **falsa (F)**.

F 1. Pasarlo de película es aburrirse.

F 2. Una llovizna es una tormenta.

C 3. Se puede montar a caballo en el bosque.

F 4. Los relámpagos son sonidos muy fuertes en una tormenta.

C 5. Los monumentos a menudo se encuentran en la ciudad.

C 6. Se puede ir a acampar a las montañas.

F 7. Se puede hacer esquí acuático en el desierto.

C 8. A algunas personas les aburre hacer crucigramas.

5 Escoge la palabra del cuadro que corresponda a cada definición.

naipes	**grados**	**trueno**	**catedral**	**aburrirse**	**natación**

catedral 1. Un edificio religioso muy importante.

trueno 2. Un sonido muy fuerte durante una tormenta.

natación 3. Algo que se hace en el mar o en una piscina.

grados 4. Pueden ser Fahrenheit o centígrados.

aburrirse 5. Lo contrario de divertirse.

naipes 6. Los necesitas para jugar *Go Fish*.

6 Escribe las preguntas que correspondan a las siguientes respuestas. Usa las expresiones de **¡Exprésate!** y sigue el modelo como guía.

Answers will vary. Sample answers provided.

MODELO ¿Qué tal lo pasaste?
Lo pasé de maravilla.

1. **¿Qué hiciste el fin de semana pasado?**
Fui a acampar con mi familia.

2. **¿Qué tal lo pasaron?**
Lo pasamos de película.

3. **¿Adónde fuiste el verano pasado?**
Viajé a la costa porque me encantan los deportes acuáticos.

4. **¿Qué te pareció el windsurfing?**
Lo encontré muy interesante.

5. **¿Qué tal lo pasaste?**
Lo pasé muy mal porque llovió a cántaros.

VOCABULARIO 1

7 Escoge la palabra del cuadro que corresponda a cada definición.

tren	**monumentos**	**conversar**	**caracoles**	**trotar**

conversar 1. Puedes realizar esta actividad por teléfono o en persona.

trotar 2. Es una forma de hacer ejercicio.

tren 3. Es un medio de transporte.

caracoles 4. Los encuentras en la playa y puedes coleccionarlos.

monumentos 5. Sirven para recordar a héroes del pasado.

8 Escribe lo que les gustaba hacer a las siguientes personas. Usa verbos como **gustar, soler, encantar,** etc. **Answers will vary. Sample answers provided.**

MODELO Ellos / patinar en línea **A ellos les gustaba patinar en línea.**

1. Yo / montar a caballo
   Yo solía montar a caballo.
2. Mi papá / hacer crucigramas
   A mi papá le encantaba hacer crucigramas.
3. Mis amigos / coleccionar caracoles
   Mis amigos encontraban genial coleccionar caracoles.
4. Mis hermanas / jugar naipes
   A mis hermanas les encantaba jugar naipes.
5. Mi familia / viajar a la costa
   Mi familia disfrutaba de viajar a la costa.

9 Completa las oraciones con las actividades que te gustaban o no te gustaban de niño. **Answers will vary.**

MODELO De niño me encantaba ir a la costa. Allá **hacía windsurfing.**

1. De pequeño, lo pasaba bomba en el bosque. Mis hermanos y yo...
   ____
2. Cuando tenía seis años era muy tímido. Solía...
   ____
3. Siempre pasaba las vacaciones con mis hermanos. Me gustaba...
   ____
4. Lo pasaba de maravilla en la costa. Me encantaba...
   ____

¡Adios al verano!

GRAMÁTICA 1

The uses of *ser* and *estar*

Use **ser:**
- to describe physical/personal traits
- to tell time
- to say what someone's profession is
- to talk about nationality and origin

Use **estar:**
- to say where something or someone is located
- to describe physical condition, emotional state, or taste
- with the present participle (**-ando/-iendo**) to form the present progressive

10 Completa las oraciones con la forma correcta de **ser** o **estar.**

1. La torre Eiffel **está** en Francia.
2. Sophie **es** francesa.
3. Yo **soy** estudiante.
4. Nosotros **estamos** en la escuela.
5. **Son** las diez y media.
6. Mi hermano **es** alto.
7. Ellas **son** de Argentina.
8. La sopa **está** salada.
9. Los niños **están** contentos.
10. Nosotros **estamos** estudiando.

11 Completa la siguiente historia con **ser** o **estar.**

Yo (1) **soy** de México y mi amigo (2) **es** de Perú, pero ahora (3) **estamos** en los Estados Unidos. Nosotros (4) **somos** estudiantes y hoy (5) **estamos** estudiando para un examen de matemáticas. (6) **Son** las seis de la tarde y el examen (7) **es** mañana a las ocho de la mañana. (8) **Estamos** preocupados por el examen pero (9) **somos** inteligentes y sabemos que podemos sacar buenas notas. Ana, nuestra compañera de clase, (10) **está** en la biblioteca, pero Pedro, otro compañero, (11) ¡ **está** en el cine! Parece que él no (12) **está** preocupado por el examen.

GRAMÁTICA 1

Present perfect

- The **present perfect** is used to talk about what has or has not happened in the time up to the present. It is formed by using **haber** in the present + the past participle of the main verb.

  Nosotros no **hemos ido** al cine.

- Reflexive, indirect, and direct object pronous always go before **haber:**

  Yo **lo** he visto. Él **se** ha ido.

- The past participles of some verbs can be used as adjectives, but must agree with the noun they modify.

  La puerta está **abierta.** Los libros **abiertos** están sobre la mesa.

12 Completa las oraciones con el presente perfecto de los verbos del cuadro.

romper	**describir**	**escribir**	**ver**	**usar**	**preparar**

1. Laura Esquivel es una persona famosa. Ella **ha escrito** libros muy buenos.
2. En sus libros, ella **ha descrito** muchas de las tradiciones mexicanas.
3. Hoy en día, muchas personas **han roto** con las tradiciones.
4. ¿Tú **has preparado** algún plato mexicano?
5. Mi mamá **ha usado** algunas recetas de su libro, *Como agua para chocolate.*
6. Yo también **he visto** la película basada en su libro.

13 Contesta negativamente las preguntas que le hacen a Pepe su mamá y sus amigos. No te olvides de usar los pronombres correctamente.

1. ¿Llamaste a Rocío, tu compañera de clase?
   No, no la he llamado.
2. ¿Ya escribiste la composición para la clase de español?
   No, no la he escrito.
3. ¿Hiciste la tarea para la clase de matemáticas?
   No, no la he hecho.
4. ¿Has visto a tu padre?
   No, no lo he visto.
5. ¿Le dijiste a tu padre la verdad?
   No, no le he dicho la verdad.

GRAMÁTICA 1

Subjunctive mood

The **subjunctive** mood can be used to:

- express wishes (**esperar que, querer que, preferir que**)
- give advice and opinions (**es mejor que, es buena idea que, es importante que, aconsejar que, recomendar que, sugerir que**)

The subjunctive is used in the subordinate clause (after the conjunction **que**) when there is a change of subject between the main and subordinate clauses.

La profesora **quiere** que **estudiemos** mucho para el examen.

14 Escoge el mejor consejo para cada problema.

a. Es mejor que vayas al doctor.
b. Es importante que hagas ejercicio.
c. Te recomiendo que estudies mucho.
d. Te aconsejo que te levantes temprano.
e. Te sugiero que practiques mucho.
f. No es buena idea que duermas tan poco.

__b__ **1.** Quiero bajar de peso.
__a__ **2.** Estoy enfermo.
__c__ **3.** Mi examen final es mañana.
__f__ **4.** Me siento muy cansado.
__e__ **5.** Quiero ser un cantante famoso.
__d__ **6.** Siempre llego tarde a clases.

15 Guillermo nunca ha ido a Toledo, pero su amiga Laura fue el verano pasado. Escribe las recomendaciones de Laura sobre los lugares que Guillermo debe visitar y las actividades que debe hacer. No te olvides de usar el subjuntivo.

MODELO ir en autobús **Te recomiendo que vayas en autobús.**

1. visitar el Alcázar de Toledo **Answers may vary. Sample answers provided.**
Recomiendo que visites el Alcázar de Toledo.
2. sacar fotos desde el mirador
Te sugiero que saques fotos desde el mirador.
3. pasar por la Puerta de Bisagra
Es buena idea que pases por la Puerta de Bisagra.
4. comer en la Plaza de Zocodóver
Te aconsejo que comas en la Plaza de Zocodóver.

Nombre ______________________ Clase ______________ Fecha ______________

CAPÍTULO 1

¡Adiós al verano!

VOCABULARIO 2

16 Ordena las letras de las siguientes palabras basándote en las pistas.

Pista	Letras	Palabra
1. Actividad del club de debate.	artoaroi	**oratoria**
2. Composiciones breves que riman a veces.	mposea	**poemas**
3. Se ponen en las cartas para enviar por correo.	spamelilsta	**estampillas**
4. Alguien que no puede esperar.	pcantimiee	**impaciente**
5. Alguien que está siempre sólo.	tooslairi	**solitario**

17 Lee las oraciones y decide si cada una es **cierta** (C) o **falsa** (F).

__C__ **1.** Para mantenerse en forma hay que seguir una dieta balanceada.

__C__ **2.** Hay que tener talento para escribir poemas y cuentos.

__F__ **3.** Para diseñar páginas Web no hay que ser creativo.

__C__ **4.** Para coleccionar estampillas debes ser paciente.

__C__ **5.** Si quieres entrar al club de debate debes tener ganas de discutir.

__F__ **6.** Alguien solitario se hace amigo de las personas fácilmente.

__C__ **7.** El golf es una actividad tranquila.

__F__ **8.** No debes estar en forma para practicar el atletismo.

18 Escoge la palabra que complete mejor las siguientes oraciones.

__a__ **1.** Para hacer cualquier actividad, esa actividad te debe
a. interesar. **b.** aburrir. **c.** participar.

__b__ **2.** ¿Puedes darme algún
a. trueno? **b.** consejo? **c.** bosque?

__c__ **3.** Soy muy impaciente y me aburre
a. hacer gimnasia. **b.** practicar atletismo. **c.** observar la naturaleza.

__c__ **4.** Recibo muchas cartas; por eso colecciono
a. caracoles. **b.** pósters. **c.** estampillas.

__c__ **5.** Soy muy creativo; por eso siempre tengo ganas de
a. jugar al golf. **b.** saltar la cuerda. **c.** diseñar por computadora.

__b__ **6.** Si te gusta tocar un instrumento musical, te recomiendo practicar
a. el atletismo. **b.** en la banda escolar. **c.** la natación.

VOCABULARIO 2

19 Escoge la palabra del cuadro que corresponda a la definición correcta.

a. el atletismo
b. la banda escolar
c. el club de debate
d. jugar al golf
e. la gimnasia

__d__ **1.** Esta actividad la realizas con una pelota blanca y un palo de metal.

__c__ **2.** Aquí dos grupos discuten temas importantes.

__b__ **3.** Si tienes talento musical, debes participar en este grupo.

__e__ **4.** Para realizar esta actividad hay que tener un cuerpo flexible.

__a__ **5.** Si eres buen corredor debes hacer esta actividad.

20 Pedro y Jorge son muy diferentes. Pedro es calmado y solitario, mientras que Jorge es impaciente y hace muchos amigos. Divide las actividades del cuadro en dos listas: las que son apropiadas para Pedro y las que son mejores para Jorge.

participar en la banda escolar	**participar en el club de debate**	
hacer ejercicios aeróbicos	**observar la naturaleza**	**jugar al golf**
practicar atletismo	**coleccionar monedas**	**saltar la cuerda**

Actividades para Pedro	Actividades para Jorge
jugar al golf	**participar en el club de debate**
coleccionar monedas	**hacer ejercicios aeróbicos**
observar la naturaleza	**participar en la banda escolar**
	practicar atletismo
	saltar la cuerda

21 Contesta las preguntas según la información dada *(given)*. **Answers will vary.**

1. Quiero diseñar páginas Web. ¿Cómo debo ser?

____

2. Soy muy paciente y me gusta dar caminatas. ¿Qué consejo tienes?

____

3. Soy muy nervioso. ¿Qué debo hacer?

____

4. Necesito mantenerme en forma. ¿Qué me recomiendas?

____

5. Me siento muy cansado. ¿Puedes darme algún consejo?

____

VOCABULARIO 2

22 Ordena las siguientes oraciones para formar una conversación entre dos amigos. Se ha marcado la primera para empezar.

__2__ **a.** —Es que tengo un examen muy difícil mañana, pero no tengo mi libro.

__7__ **b.** —Debes llamar a alguien más. Pero en el futuro, te recomiendo que traigas tu libro a casa.

__3__ **c.** —¿Y qué vas a hacer para estudiar?

__4__ **d.** —Voy a ir a casa de Ana. Puedo estudiar con ella.

__6__ **e.** —Pues, no he pensado en eso. ¿Qué me recomiendas?

__1__ **f.** —¡Hola Arturo! ¿Qué te pasa? Te veo preocupado.

__5__ **g.** —¿Y qué piensas hacer si ella no está en casa?

23 Contesta las siguientes preguntas con la información en paréntesis.

MODELO ¿Adónde piensas ir después de clases? (centro recreativo)
Pienso ir al centro recreativo.

1. ¿Cómo vas a mantenerte en forma? (atletismo)
   Practicaré el atletismo.
2. ¿Qué vas a hacer para relajarte? (jugar al golf)
   Voy a jugar al golf.
3. ¿Qué cambios vas a hacer para mantenerte en forma? (ejercicios aeróbicos)
   Haré ejercicios aeróbicos.
4. ¿Adónde vas a ir después de esta clase? (clase de oratoria)
   Pienso ir a la clase de oratoria.
5. ¿Qué vas a hacer en tu tiempo libre? (coleccionar pósters)
   Voy a coleccionar pósters.
6. ¿Cómo vas a aprender a tocar la flauta? (la banda escolar)
   Pienso participar en la banda escolar.

¡Adiós al verano!

GRAMÁTICA 2

Pronouns

- The **subject pronouns yo, tú, él, ella, Ud., nosotros, vosotros, Uds., ellos,** and **ellas** are not used as frequently in Spanish as they are in English because the verb ending usually tells us who is performing the action of the verb.
- **Yo** and **tú** change to **mí** and **ti** when they are used as objects of prepositions.
- Other pronouns you already know:

direct object pronouns:	**me, te, lo, la, nos, os, los, las**
indirect object pronouns:	**me, te, le, nos, os, les**
reflexive pronouns:	**me, te, se, nos, os, se**

24 Vuelve a escribir las oraciones y sustituye las palabras subrayadas con el pronombre que corresponda.

MODELO Voy a jugar al golf. **Lo voy a jugar.**

1. Ayer llamé por teléfono a Ana. **Ayer la llamé por teléfono.**
2. Los domingos compro el periódico. **Los domingos lo compro.**
3. Ana y Sara siempre estudian juntas. **Ellas siempre estudian juntas.**
4. Le di el libro a Pedro. **Le di el libro.**
5. Vi a mis amigas este verano. **Las vi este verano.**
6. Escribo cuentos en mi tiempo libre. **Los escribo en mi tiempo libre.**
7. Pepe y yo corrimos dos millas ayer. **Nosotros corrimos dos millas ayer.**
8. Yo le pedí otro plato al mesero para Elena. **Yo le pedí otro plato para Elena.**

25 Completa las siguientes oraciones con el pronombre que corresponda. Presta atención a las palabras subrayadas.

1. Por las mañanas yo **me** baño y **me** visto. Cuando bajo, mi mamá ya ha preparado el desayuno. Yo **lo** como rápidamente para no llegar tarde a clase.
2. —Oye Paca, ¿qué regalo **te** trajo el tío Juan a ti?

   —A mí **me** trajo una blusa. ¿No **la** viste?

   —No. Mira, a **mí** me trajo estos pantalones. ¿Qué te parecen?

   —Yo **los** veo muy bien.

GRAMÁTICA 2

Comparisons, demonstrative adjectives and pronouns

- To compare two unequal things, use **más/menos** + noun/adjective/adverb + **que:**

  Adolfo es **más alto que** tú. Tengo **menos libros que** Ana.

- Demonstrative adjectives are used to indicate items depending on their distance from the speaker.

	this/these		that/those		that/those (further away)	
	singular	*plural*	*singular*	*plural*	*singular*	*plural*
masculino	este	estos	ese	esos	aquel	aquellos
femenino	esta	estas	esa	esas	aquella	aquellas

- To avoid repeating the noun, use the demonstrative pronoun, which is formed by adding an accent to the adjective (**éste, ése, aquél**...).

26 Fuiste de compras con tu mamá y ella tiene opiniones muy fuertes sobre la comida. Completa lo que te dijo con pronombres y adjetivos demostrativos.

¿Te acuerdas de (1) **aquel** bistec que comimos en casa de tía Rosa? Era más grande que (2) **ese** bistec en tu cesta. Y (3) **estas** naranjas son menos dulces que las naranjas de la otra tienda. Prefiero (4) **aquéllas** porque me gustan las naranjas dulces. Además van mejor con (5) **ese** helado que tienes en la mano. Y no tengo que decirte que (6) **este** queso aquí tiene más sabor que (7) **aquel** queso que nos sirvió tía Rosa.

27 Compara los siguientes objetos usando el adjetivo en paréntesis y los signos de (+) y (-). Para no repetir los sustantivos, usa uno de los pronombres demostrativos.

MODELO (grande) este puente (+) / aquel puente (-)
Este puente es más grande que aquél.

Answers may vary. Sample answers provided.

1. (rápido) este equipo de atletismo (-) / ese equipo (+)
   Este equipo de atletismo es menos rápido que ése.
2. (alta) esa torre (-) / aquella torre (+)
   Esa torre es menos alta que aquélla.
3. (solitaria) esta niña (+) / esa niña (-)
   Esta niña es más solitaria que ésa.
4. (interesantes) esos libros (+) / aquellos libros (-)
   Esos libros son más interesantes que aquéllos.

GRAMÁTICA 2

Negative words and time constructions

- The word **ninguno**(a)/**ningún** is usually only used in the singular, and agrees with the noun it describes. This word, as well as **nunca** and **jamás,** can be placed before or after the verb. If they are placed after the verb, use **no** before the verb.

  Jamás quiero visitar ese lugar. **No** quiero visitar ese lugar **jamás.**

- To talk about an event that began in the past and is still going on in the present, use the construction **hacer** + **time** + **que** + **verb.**

  Hace un año que estudio música.

- You can also simply use **hacer** + **time** to describe how long ago an event happened.

  Hace dos semanas, empezamos las clases en el colegio.

Answers may vary.

28 Completa las siguientes oraciones con **ningún, ninguno(a), nunca** o **jamás.**

1. **Nunca** he visitado **ningún** país donde hablen español.
2. No he visto **ninguna** película con ese actor.
3. Mi hermano **jamás** ha participado en la banda escolar.
4. No he hecho **ningún** deporte en el colegio.
5. Mi papá me dijo que hay restaurantes por aquí, pero no he visto **ninguno**.

29 Contesta las siguientes preguntas con la información en paréntesis.

MODELO ¿Hace cuánto tiempo que practicas atletismo? (dos años)
Hace dos años que practico atletismo.

1. ¿Hace cuánto tiempo que tus papás salieron de vacaciones? (una semana)
   Hace una semana que mis papás salieron de vacaciones.
2. ¿Hace cuánto tiempo que viste esa película? (un mes)
   Hace un mes que vi esa película.
3. ¿Hace cuánto tiempo que participas en la banda escolar? (seis meses)
   Hace seis meses que participo en la banda escolar.
4. ¿Hace cuánto tiempo que fueron ustedes a acampar? (tres años)
   Hace tres años que fuimos a acampar.
6. ¿Hace cuánto tiempo que juegas al golf? (cinco años)
   Hace cinco años que juego al golf.

¡A pasarlo bien!

1 Separa las siguientes actividades del cuadro en dos columnas: las que se hacen al aire libre *(outside)* y las que se hacen bajo techo *(inside)*.

los juegos de computadora	el atletismo	el salto de altura
la escalada deportiva	el ciclismo	el boliche
los rompecabezas	la esgrima	el dominó
el senderismo	el remo	el kárate

al aire libre	bajo techo
el atletismo	los juegos de computadora
la escalada deportiva	la esgrima
el salto de altura	el kárate
el senderismo	el dominó
el ciclismo	el boliche
el remo	los rompecabezas

2 Escoge la palabra que corresponda a cada una de las siguientes definiciones.

__a__ 1. deporte realizado bajo techo, con una bola pesada
a. el boliche **b.** la esgrima **c.** el dominó

__b__ 2. juego de mesa en que se usan pequeñas piezas negras con puntos blancos
a. el crucigrama **b.** el dominó **c.** el rompecabezas

__c__ 3. deporte de mucha disciplina, considerado una de las artes marciales
a. el remo **b.** el fútbol **c.** el kárate

__a__ 4. deporte que se hace con una bicicleta
a. el ciclismo **b.** el kárate **c.** el remo

__b__ 5. una persona que está loca por un deporte
a. un esgrimista **b.** un aficionado **c.** un aburrido

__a__ 6. actividad en la que se unen partes pequeñas de una imagen
a. el rompecabezas **b.** el tiro con arco **c.** el jai-alai

VOCABULARIO 1

3 Completa la conversación entre Raúl y Enrique con las frases del cuadro.

aficionado	**soy un fanático**	**paso**	**deporte**	**maravilla**	**genial**

Raúl Disfruté mucho del partido de fútbol.
Estuvo (1) **genial**.

Enrique Estoy de acuerdo. Fui a verlo y lo pasé de (2) **maravilla**.

Raúl No sabía que eras (3) **aficionado** a los deportes.

Enrique Sí, me la (4) **paso** practicándolos y viéndolos.

Raúl ¿Y a ti, qué (5) **deporte** te gusta más?

Enrique Me gusta el fútbol pero la verdad es que (6) **soy un fanático** del jai-alai. Es mi deporte favorito.

4 Lee las oraciones y decide si cada una es **cierta (C)** o **falsa (F)**.

F 1. Si el dominó me aburre, quiero jugarlo todo el tiempo.

C 2. Si soy muy bueno para las artes marciales, gano a menudo en el kárate.

C 3. Si creo que los rompecabezas son estupendos, disfruto al hacerlos.

F 4. Si nunca pierdo un partido de fútbol, es que el fútbol me deja frío.

C 5. Si soy un gran aficionado a los deportes, me la paso practicándolos.

5 Vuelve a escribir las oraciones utilizando la frase del cuadro que corresponda a las palabras subrayadas.

me aburren	**me dejan frío(a)**	**es un gran aficionado a**
geniales	**es buena para**	**nos la pasamos**

1. Las artes marciales <u>no me causan emoción</u>.
Las artes marciales me dejan frío(a).

2. Tu papá <u>está loco por</u> los deportes.
Tu papá es un gran aficionado a los deportes.

3. Laura <u>tiene mucho talento</u> para el salto de altura.
Laura es buena para el salto de altura.

4. A Juan le gustan los juegos de computadora. Él cree que son <u>fantásticos</u>.
A Juan le gustan los juegos de computadora. Él cree que son geniales.

5. Los rompecabezas <u>me parecen poco interesantes</u>.
Los rompecabezas me aburren.

VOCABULARIO 1

6 Según las descripciones de Luis, José y Pablo, ¿cómo crees que se sienten con relación a las siguientes actividades?

Luis	**José**	**Pablo**
Le gusta correr.	Tiene miedo a las alturas.	Le gusta caminar.
Es muy impaciente.	Le gustan las artes marciales.	No sabe nadar.

Answers will vary. Sample answers provided.

1. Luis / el atletismo
   Luis es gran aficionado al atletismo.
2. Luis / los crucigramas
   A Luis le dejan frío los crucigramas.
3. José / la escalada deportiva
   José no es muy bueno para la escalada deportiva.
4. José / el kárate
   José es un fanático del kárate.
5. Pablo / el senderismo
   Pablo cree que el senderismo es genial.

7 Completa las conversaciones con la oración más apropiada.

Como quieras. Me da lo mismo.
No vayamos a escalar. Mejor hagamos senderismo.
¿Te gustaría ir a ver el partido de jai-alai?
No, gracias. Yo quiero estar afuera hoy porque hace buen tiempo.
¿Quieres ver una película? Yo te invito.

1. **— ¿Te gustaría ir a ver el partido de jai-alai?**
   — No, gracias. Ese deporte me deja frío.
2. **— No vayamos a escalar. Mejor hagamos senderismo.**
   — Como quieras. Me gustan todos los deportes menos el jai-alai.
3. **— ¿Quieres ver una película? Yo te invito.**
   — No, gracias. Iba a jugar al dominó con mi abuela. Vamos al cine otro día.
4. — No vayamos a practicar la esgrima. No la aguanto.
   — Como quieras. Me da lo mismo.
5. — ¿Te gustaría jugar un juego de computadora?
   — No, gracias. Yo quiero estar afuera hoy porque hace buen tiempo.

Nombre ______________________ Clase ______________ Fecha ____________

CAPÍTULO

¡A pasarlo bien!

GRAMÁTICA 1

Imperfect

- Use the **imperfect** to talk about what one used to do, what happened repeatedly, or what happened in general.

  -ar verbs: **-aba, -abas, -aba, -ábamos, -abais, -aban**
  -er and -ir verbs: **-ía, -ías, -ía, -íamos, -íais, -ían**

- **Ser, ver,** and **ir** are irregular in the imperfect.

  ser: **era, eras, era, éramos, erais, eran**
  ver: **veía, veías, veía, veíamos, veíais, veían**
  ir: **iba, ibas, iba, íbamos, ibais, iban**

- Expressions that often take the imperfect: **muchas veces, a veces, (casi) siempre, todos los años/días.**

8 Completa las oraciones con el imperfecto del verbo que corresponda según el contexto.

ver
jugar
pasar
ser
ir
tener

1. Cuando era niño, yo **tenía** muchos amigos.
2. Nosotros no **íbamos** mucho al cine, pero **veíamos** muchas películas en casa.
3. Nosotros **jugábamos** los juegos de computadora.
4. En ese tiempo, yo **era** gran aficionado al fútbol.
5. La verdad es que de niño, yo **pasaba** mucho tiempo jugándolo.

9 Combina las frases y forma oraciones sobre lo que a Pedro y a Alicia les gustaba hacer antes, y lo que les gusta hacer ahora.

1. Antes / Pedro / estar loco por / las artes marciales
   Antes Pedro estaba loco por las artes marciales.
2. Ahora / Pedro / encantar / el jai-alai
   Ahora a Pedro le encanta el jai-alai.
3. De niña / Alicia / preferir / el tiro con arco
   De niña Alicia prefería el tiro con arco.
4. Ahora / Alicia / practicar / el kárate
   Ahora Alicia practica el kárate.

Nombre ______________________ Clase ______________ Fecha ______________

CAPÍTULO 2

GRAMÁTICA 1

Ir a + infinitive in the imperfect

Use **ir a** + infinitive in the **imperfect** to state what someone *was going to do.*

Iba a ayudarte con tu tarea, pero me llamó Ana por teléfono.
Iban a hacer senderismo conmigo, pero estaba lloviendo.

10 Decide qué oración corresponde a cada dibujo.

a. **b.** **c.**

a 1. Fernando iba a limpiar su cuarto, pero tuvo que estudiar.

c 2. Jorge iba a tomar el autobús, pero llegó tarde.

b 3. Antonio iba a practicar ciclismo, pero hacía mucho calor.

11 Completa las oraciones con la forma del verbo que corresponda según el contexto.

1. Sara (iba / ibas) **iba** a hacer senderismo, pero se enfermó.
2. Lisa y yo (iban / íbamos) **íbamos** a ver un partido, pero se acabaron las entradas.
3. Tú ibas a (juegas / jugar) **jugar** al boliche, pero el lugar estaba cerrado.
4. Mis amigos (iban / iba) **iban** a remar, pero estaba lloviendo.
5. Yo iba a (practicar / practico) **practicar** ciclismo, pero la bicicleta estaba rota.

12 Escribe lo que iban a hacer las siguientes personas. **Answers will vary. Sample answers provided.**

1. Nosotros **íbamos a acampar**, pero llovía a cántaros.
2. Elena y Javier **iban a practicar** atletismo, pero Elena tenía una pierna lastimada.
3. Mi hermano **iba a estudiar** el kárate, pero no tenía disciplina.
4. Yo **iba a hacer** un rompecabezas, pero le faltaban piezas.
5. Tú **ibas a escalar**, pero tenías miedo a las alturas.

GRAMÁTICA 1

Nosotros commands

- Nosotros commands express a desire for cooperation. To form affirmative and negative **nosotros** commands, use the **nosotros** form of the present subjunctive.

  Veamos la película. **No salgamos** tarde.

- Object and reflexive pronouns are placed after the verb in the affirmative command and between **no** and the verb in the negative command:

  ¿Hacemos la tarea? Sí hagámos**la.** No, no **la** hagamos.

- Remember that if the verb is reflexive, the final **-s** is omitted and **nos** is added at the end, in the affirmative form.

  Preparémonos. **No nos preparemos.**

- **Vamos** can mean *We're going* or *Let's go.* The equivalent of *Let's not go* is **no vayamos.**

13 Sugiérele a un(a) amigo(a) que hagan o no hagan las siguientes actividades, usando los mandatos de **nosotros.**

MODELO escalar este fin de semana **Escalemos este fin de semana.**

1. practicar esgrima **(No) Practiquemos esgrima.**
2. jugar al boliche **(No) Juguemos al boliche.**
3. hacer windsurfing **(No) Hagamos windsurfing.**
4. tomarse un descanso **No nos tomemos/Tomémonos un descanso.**
5. ir a la fiesta **No vayamos/Vamos a la fiesta.**

14 Contesta las siguientes preguntas con un mandato de **nosotros,** sustituyendo el complemento directo por su pronombre correspondiente.

MODELO ¿Preparamos la cena? (sí)
Sí, preparémosla.

1. ¿Invitamos a Jorge? (sí) **Sí, invitémoslo.**
2. ¿Vemos la televisión? (no) **No, no la veamos.**
3. ¿Hacemos el crucigrama? (sí) **Sí, hagámoslo.**
4. ¿Buscamos los juegos de computadora? (sí) **Sí, busquémoslos.**
5. ¿Llamamos a nuestros primos? (no) **No, no los llamemos.**
6. ¿Compramos la bicicleta? (sí) **Sí, comprémosla.**

¡A pasarlo bien!

VOCABULARIO 2

15 Lee las oraciones y decide si cada una es **cierta (C)** o **falsa (F)**.

C 1. Usualmente, los amigos tienen mucho en común.

F 2. Alguien chismoso sabe guardar secretos.

F 3. No puedes contar con alguien solidario.

C 4. Hacer las paces es resolver un problema.

F 5. Alguien que te deja plantado respeta tus sentimientos.

C 6. Una persona que tiene celos es insegura.

16 En la primera columna escribe las características que describen a un buen amigo y en la segunda, las que describen a un mal amigo.

creído	grosero	confiable	inseguro	seco	solidario	tolerante
terco	atento	generoso	honesto	leal	criticón	desleal

Buen amigo	Mal amigo
generoso	terco
honesto	grosero
leal	criticón
tolerante	creído
confiable	inseguro
atento	seco
solidario	desleal

17 Contesta las siguientes preguntas según tus gustos personales. **Answers will vary. Sample answers provided.**

1. ¿Cómo debe ser un buen amigo?
   Un buen amigo debe ser honesto y leal.
2. ¿Cómo es tu mejor amigo(a)?
   Mi mejor amigo es muy generoso y guarda secretos.
3. ¿Cómo no debe ser un buen amigo?
   Un buen amigo no debe chismear ni ser maleducado.
4. ¿Qué buscas en un(a) novio(a)?
   Busco a alguien que tenga mucho en común conmigo.
5. ¿Qué es lo que te decepciona en un(a) novio(a)?
   Me decepciona que me deje plantado(a).

VOCABULARIO 2

18 Estas personas quieren hacer nuevos amigos y han decidido poner un anuncio en el periódico. Completa los anuncios usando palabras de **Vocabulario** y expresiones de **¡Exprésate! Answers will vary. Sample answers provided.**

Quiero una novia que sea **honesta**, que no sea **insegura** y que le guste **hacer rompecabezas**.	Buscamos novios que no **nos dejen plantadas**, que no sean **tercos** y que sean **atentos**.	Buscamos amigos que **sepan guardar secretos**, que **respeten nuestros sentimientos** y que no **tengan fama de ser criticones**.
Busco una amiga que le guste **la música**, y que sea **tolerante** y **abierta**.	Busco un amigo que sea **abierto**, que no sea **creído** y que disfrute de **las artes marciales**.	

19 Completa la siguiente conversación entre Ana y Alicia con las frases del cuadro.

¿Qué te pasa? ¿Estás dolida?	**sí, estoy entusiasmada**	**rompí con**
me dan ganas de llorar	**te veo de buen humor**	**lo quiero**
tenga fama de	**tenía celos**	

Ana (1) **¿Qué te pasa? ¿Estás dolida?**

Alicia Sí, estoy decepcionada porque (2) **rompí con** mi novio.

Ana ¿Por qué lloras?

Alicia (3) **Me dan ganas de llorar** porque aún (4) **lo quiero**.

Ana ¿Por qué rompieron entonces?

Alicia Porque él no confía en mí y (5) **tenía celos** de mis amigos.

Ana Lo siento mucho.

Alicia Pero yo (6) **te veo de buen humor**.

Ana (7) **Sí, estoy entusiasmada** porque conocí a un chico que tiene mucho en común conmigo.

Alicia Espero que él no (8) **tenga fama de** ser celoso.

Nombre ______________________ Clase ______________ Fecha ______________

VOCABULARIO 2

20 Ordena las letras de las siguientes palabras basándote en las pistas.

Pista	Letras	Palabra
1. alguien que apoya a los demás	drsoiiola	**solidario**
2. alguien que no es amigable	ecso	**seco**
3. alguien que se siente superior a los demás	írdcoe	**creído**
4. no decir la verdad	remtni	**mentir**
5. alguien que dice la verdad	shtoeno	**honesto**
6. alguien que cree que siempre tiene la razón	crote	**terco**

21 Escoge la palabra que complete mejor cada una de las siguientes oraciones.

b 1. Él no supo respetar mis sentimientos; por eso estoy tan ___.
a. entusiasmado **b.** decepcionado **c.** inseguro

c 2. Rompí con Luz porque era ___ y siempre hablaba mal de todos.
a. terca **b.** aburrida **c.** chismosa

a 3. Cuando me dejan plantado me siento muy ___.
a. frustrado **b.** inseguro **c.** desleal

c 4. Me sentí muy ___ porque teníamos mucho en común.
a. inseguro **b.** nervioso **c.** entusiasmado

b 5. Juan no supo guardar mis secretos; por eso me siento muy ___.
a. entusiasmado **b.** dolido **c.** de buen humor

22 Completa las oraciones con tu propia opinión. Usa palabras de **Vocabulario** y expresiones de **¡Exprésate! Answers will vary. Sample answers provided.**

1. Me siento frustrada cuando **mi amigo me deja plantada.**
2. Un buen amigo debe **respetar mis sentimientos.**
3. Un mal amigo es una persona **desleal.**
4. Estoy de buen humor cuando **resuelvo un problema.**
5. No vale la pena estar con personas que **chismean.**

¡A pasarlo bien!

Object pronouns

- The **direct object** is the noun upon which an action is performed. It can be replaced by a direct object pronoun (**me, te, lo/la, nos, os, los/las**).

  Yo voy a ver **la televisión.** Yo **la** voy a ver. Yo voy a ver**la.**
- The **indirect object** is the noun for whom or to whom an action is performed. It can be replaced by an indirect object pronoun (**me, te, le, nos, os, les**). When used with a direct object, the indirect object goes first. **Le** and **les** change to **se** when used before **lo/la/los/las.**

  Mamá va a comprar *un regalo* para **él.**
  Mamá **le** va a comprar *un regalo.* Mamá va a comprar**le** *un regalo.*
  Mamá **se** *lo* va a comprar. Mamá va a comprár**se***lo.*

23 Reemplaza el complemento directo y/o indirecto según corresponda.

1. Nosotros les dimos los libros a ellos.
   Nosotros se los dimos.
2. Tú viste la competencia de esgrima.
   Tú la viste.
3. Ella jugó al dominó con nosotros.
   Ella lo jugó con nosotros.
4. Yo le regalé unas flores a mi mamá.
   Yo se las regalé.
5. Yo voy a darle un regalo a mi papá.
   Yo se lo voy a dar. / Yo voy a dárselo.

24 Contesta las preguntas usando pronombres del complemento directo o indirecto.

1. ¿Me diste mis libros ayer?
   Sí, ayer te los di.
2. ¿Vas a resolver el problema con tu novia?
   Sí, voy a resolverlo. / Sí, lo voy a resolver.
3. ¿Conociste al novio de Mónica?
   Sí, lo conocí.
4. ¿Sabes si Pamela y Tomás hicieron las paces?
   Sí, las hicieron.

Nombre ______________________ Clase ______________ Fecha ____________

CAPÍTULO **2**

GRAMÁTICA 2

Subjunctive

- Use the **subjunctive** when the antecedent is **unknown** or **nonexistent.**

  Unknown Busco a un amigo que **respete** mis sentimientos.

  Nonexistent Él es muy solitario porque no tiene a nadie que **sea** su amigo.

- You must also use the **subjunctive** if a question is being asked, since it implies the unknown. When making a positive statement about something known, use the **indicative** instead.

  ¿Tendré un amigo que **guarde** mis secretos?

  Tengo una amiga que **es** muy solidaria.

25 Completa la siguiente historia con el indicativo o el subjuntivo del verbo según el contexto.

Yo soy muy insegura y casi no tengo amigos. Busco a alguien que (1) **sea** (ser) muy amigable y que (2) **quiera** (querer) ser mi amiga. En mi clase hay muchas chicas que (3) **son** (ser) mis conocidas pero que no (4) **son** (ser) mis amigas. Creo que una de ellas (5) **tiene** (tener) algo en común conmigo. A la que conozco bien es a Ana. Ella es una chica que (6) **juega** (jugar) básquetbol y que (7) **es** (ser) aficionada a los deportes. A mí, los deportes me dejan fría por lo que no creo que (8) **tengamos** (tener) mucho en común; aunque estoy segura que (9) **le gusta** (gustarle) la música tanto como a mí.

26 Contesta las siguientes preguntas utilizando la información en paréntesis.

MODELO ¿Qué clases piensas tomar el semestre que viene? (ser interesantes)
Pienso tomar unas clases que sean interesantes.

1. ¿Qué buscas en un amigo(a)? (no ser chismoso(a))
   Busco a alguien que no sea chismoso(a).
2. ¿Quién te decepciona? (personas no ser tolerantes)
   Me decepcionan las personas que no son tolerantes.
3. ¿A quién te entusiasma conocer? (personas tener mucho en común conmigo)
   Me entusiasma conocer a personas que tengan mucho en común conmigo.
4. ¿Qué te pone nervioso(a)? (personas ser criticonas)
   Me pone nervioso(a) que las personas sean criticonas.

GRAMÁTICA 2

Subjunctive

- Expressions of feelings in the main clause of a sentence require the use of the **subjunctive** in the subordinate clause.

  Estoy triste que mis amigos **estén** lejos.
- Expressions of fact or belief, on the other hand, require the use of the **indicative** in the subordinate clause.

  Es verdad que los buenos amigos **son** solidarios.
- Some common expressions of feelings are: **me gusta que, me molesta que, me frustra que, me sorprende que, me preocupa que, me irrita que.**

27 Completa las siguientes oraciones con el indicativo o el subjuntivo del verbo según el contexto.

1. Pienso que las personas creídas (ser) **son** inseguras.
2. Me alegra que tú (venir) **vengas** a visitarme hoy.
3. Me irrita mucho que tú siempre (dejarme plantada) **me dejes plantada** .
4. Creo que tú (ser) **eres** muy bueno para los deportes.
5. Me sorprende que tú no (tener) **tengas** más amigos.

28 Completa las siguientes oraciones según tus gustos personales.

Answers will vary. Sample answers provided.

1. Me preocupa que...
   no apruebe mi examen.
2. Me hace llorar que...
   mi novio(a) rompa conmigo.
3. Me frustra que...
   las personas mientan y sean desleales.
4. Me alegra que...
   mis amigos me quieran.
5. Me irrita que...
   la gente sea maleducada.

Nombre ______________________ Clase ____________ Fecha ____________

CAPÍTULO **3**

Todo tiene solución

VOCABULARIO 1

1 Lee las oraciones y decide si cada una es **cierta (C)** o **falsa (F).**

F 1. Para combatir la discriminación hay que tener prejuicios.

C 2. Creer en estereotipos es discriminar a las personas.

C 3. Los estereotipos existen por la ignorancia.

C 4. Tener cierta actitud hacia un grupo de personas por un estereotipo es tener prejuicios.

C 5. Los estereotipos son ideas que tenemos sobre los tipos de personas que existen.

2 Ordena las letras de las siguientes palabras basándote en las pistas.

Pista	Letras	Palabra
1. La idea que una persona proyecta de sí misma.	ginaem	**imagen**
2. Las ideas que uno tiene antes de conocer a una persona.	ciisjrueop	**prejuicios**
3. Lo contrario a la inteligencia.	nagonciria	**ignorancia**
4. Un período durante el año escolar.	eeemrsst	**semestre**
5. Un plan con las horas y los compromisos del día.	rohroai	**horario**
6. Una persona que nos ayuda con nuestros planes escolares.	jsencooer	**consejero**

3 Escoge la palabra que corresponda a cada una de las siguientes definiciones.

b 1. Curso en que estudias líneas y figuras.
a. el francés **b.** la geometría **c.** la música

a 2. Lo que escribes en tu cuaderno sobre lo que dice el profesor.
a. los apuntes **b.** el almuerzo **c.** la tarea

a 3. Tener éxito en un curso.
a. aprobar **b.** participar **c.** suspender

c 4. Curso en que estudias ecuaciones.
a. el arte **b.** la geografía **c.** el álgebra

b 5. Curso sobre la geografía y la historia.
a. el cálculo **b.** las ciencias sociales **c.** la literatura

c 6. Curso en que se hace gimnasia.
a. la física **b.** la geometría **c.** la educación física

VOCABULARIO 1

4 Combina las frases con las que correpondan según el contexto.

e 1. Es muy importante respetar a...
c 2. El estereotipo que más me molesta es el de la mujer porque...
a 3. Cuando alguien tiene una impresión equivocada de mí...
d 4. Si queremos evitar la discriminación es necesario...
b 5. Muchas veces los prejuicios...

a. hago que me conozca mejor para que vea su error.
b. son el resultado de la ignorancia.
c. nosotras somos tan inteligentes como los hombres.
d. no tener prejuicios sobre una persona sin conocerla.
e. todas las personas, no importa su raza, sexo o religión.

5 Completa la siguiente conversación con las palabras y frases del cuadro.

ignorancia	**estereotipos**	**impresión equivocada**	**imagen**
combatir	**respetar a**	**falta el respeto**	**juzga**
semestre	**prejuicios**	**actitud que tiene hacia**	

Consejera Javier, te veo preocupado. ¿Qué te pasa?

Estudiante Es que este (1) semestre tengo un compañero de clase nuevo, pero él tiene muchos (2) prejuicios sobre las personas que no son como él. Esto nos ofende porque él nos (3) falta el respeto.

Consejera ¿Cómo les falta el respeto?

Estudiante Lo que pasa es que él (4) juzga a las personas por los (5) estereotipos. Por ejemplo, cree que las mujeres son tontas y tiene una (6) imagen muy negativa sobre nosotros los latinos.

Consejera Me parece que a causa de su (7) ignorancia, tiene una (8) impresión equivocada de los demás.

Estudiante ¿Qué puedo hacer para resolver este problema?

Consejera Lo que deben hacer para (9) combatir la discriminación es hablar con él y mostrarle cómo la (10) actitud que tiene hacia ustedes es equivocada y que todos debemos (11) respetar a los demás.

Estudiante Bueno, vamos a intentarlo. ¡Muchas gracias!

VOCABULARIO 1

6 Combina las opiniones con las que correspondan, según el contexto.

c 1. Creo que la geografía es genial.

e 2. Me parece que el arte es aburrido.

a 3. No me parece que el cálculo sea difícil.

d 4. A mi parecer los hombres son mejores que las mujeres en los deportes.

b 5. No me parece que la educación física sea necesaria.

a. Al contrario, es un curso muy difícil.
b. No estoy de acuerdo contigo; la salud física es muy importante.
c. ¡Qué va! ¡Es muy aburrida!
d. No estoy de acuerdo contigo, nosotras podemos ser tan buenas como los hombres.
e. Al contrario, el arte es formidable.

7 Lucía tiene un horario muy difícil. Escribe una queja acerca de cada comentario. **Answers will vary. Sample answers provided.**

1. El consejero insiste en que tome cálculo.
   ¡No me gusta para nada!
2. El profesor de física cree que las mujeres no pueden aprobar el curso.
   Me choca la actitud del profesor de física hacia las mujeres.
3. Mañana vamos a tener otra prueba en la clase de geografía.
   ¡Esto es el colmo!
4. Para la clase de literatura hay que tomar demasiados apuntes.
   ¡No aguanto más!
5. Para aprobar francés hay que memorizar todo el libro.
   ¡Es el colmo!

8 Las siguientes oraciones son las opiniones que un(a) amigo(a) te da sobre un tema. Expresa tu desacuerdo con ellas. **Answers will vary. Sample answers provided.**

1. Me parece que las mujeres son muy chismosas.
   ¡Al contrario! Todas mis amigas saben guardar los secretos.
2. A mi parecer la literatura es el curso más aburrido.
   ¡Qué va! Eso no es cierto, la literatura es muy interesante.
3. No me parece que haya estereotipos en la televisión.
   No estoy de acuerdo. En la televisión hay muchos estereotipos.
4. Creo que los deportes son más importantes que los pasatiempos.
   ¡Qué va! Los pasatiempos son importantes también.

Nombre ______________________ Clase ______________ Fecha ____________

CAPÍTULO 3

Todo tiene solución

GRAMÁTICA 1

Verb + infinitive

- Some conjugated verbs are followed by a **preposition** + **infinitive:**
  Vamos **a ir** a la playa. Nos aburrimos **de estudiar** tanto.
- Some conjugated verbs are followed directly by an **infinitive:**
  Debes **tener** más cuidado. Mis amigos quieren **ser** atletas.
- Verbs that are usually followed by the **subjunctive** are followed by an **infinitive** if there is no change in subject:
  Espero que tú **apruebes** el curso. (Yo) Espero **aprobar** el curso.

9 Completa el siguiente párrafo con las preposiciones **con, a, de,** o **en** según corresponda. Si no se necesita una preposición, deja el espacio en blanco.

Siempre he soñado (1) **con** ir a la universidad. Yo sé que debo comenzar (2) **a** prepararme y ponerme (3) **a** estudiar (4) **con** más dedicación. Mi consejero ha insistido mucho (5) **en** que yo deje (6) **de** perder el tiempo y empiece (7) **a** pensar en mi futuro. Según él, lo más importante es que yo apruebe todas mis materias (8) **con** excelentes notas.

10 Completa las oraciones con la forma correcta del verbo.

1. Sueño (que yo sea / con ser) **con ser** un cantante famoso.
2. Espero (que yo tenga / tener) **tener** éxito.
3. Me recomiendan (buscar / que busque) **que busque** un agente.
4. Me sugieren (que hable / de hablar) **que hable** con Ana. Ella conoce a muchas personas.
5. Pienso (que la llame / llamarla) **llamarla** hoy.

11 Y tú, ¿qué piensas hacer en el futuro? Completa las siguientes frases con tus propios planes y no te olvides de incluir las preposiciones cuando sea necesario.

1. Sueño **con hacerme abogado.**
2. Primero necesito **graduarme del colegio.**
3. Luego, voy **a ir a una buena universidad.**
4. Más tarde pienso **buscar trabajo en la ciudad.**
5. Y por último debo **empezar una familia.**

Answers will vary. Sample answers provided.

GRAMÁTICA 1

Subjunctive with will or wish

- Use the **subjunctive** in the subordinate clause of a sentence if the main clause expresses will or wish, and each clause has a different subject.

  Espero **que apruebes** tu examen.

- If the subject is the same in both clauses, use the **infinitive** in the subordinate clause.

  Espero **aprobar** mi examen.

12 Completa la conversación con el subjuntivo o el infinitivo del verbo según el contexto.

Luisa Rocío, necesito que me **(1)** **expliques** (explicar) la tarea de cálculo.

Rocío Hoy tengo mucho que hacer, pero espero **(2)** **tener** (tener) tiempo mañana por la tarde.

Luisa Te lo agradezco. En realidad quiero **(3)** **aprobar** (aprobar) este examen, pero la clase de cálculo se me hace muy difícil.

Rocío No hay problema, yo te ayudo. Pero insisto en que no me **(4)** **dejes** (dejar) plantada como la última vez.

Luisa No, esta vez sí necesito que me **(5)** **ayudes** (ayudar).

Rocío De cualquier manera, prefiero que me **(6)** **avises** (avisar) con tiempo si no puedes venir o si vas a llegar tarde.

Luisa Saldré a las nueve. Espero que no **(7)** **haya** (haber) mucho tráfico.

Rocío Sí, espero que nosotras **(8)** **tengamos** (tener) suficiente tiempo.

13 Combina las frases para formar oraciones completas según el modelo.

MODELO mi hermano / insistir en que / yo / hacer la tarea
Mi hermano insiste en que yo haga la tarea.

1. mis papás / querer / yo / aprobar el examen
   Mis papás quieren que apruebe el examen.
2. el profesor / recomendar / nosotros / estudiar
   El profesor recomienda que estudiemos.
3. yo / espero / yo / sacar una buena nota.
   Espero sacar una buena nota.
4. mis compañeros / pedir / yo / ayudarlos
   Mis compañeros piden que yo los ayude.

GRAMÁTICA 1

Subjunctive with negation or denial

- Use the **subjunctive** in the subordinate clause of a sentence if the main clause expresses **negation** or **denial:**

  No es verdad que los hombres **sean** mejores que las mujeres.

- Some phrases that express negation or denial: **no es verdad que, no es cierto que, no creer que, no estar de acuerdo en que,** and (**no**) **negar que.**
- If the main clause expresses affirmation or agreement, you must use the **indicative** in the subordinate clause.

  No estoy de acuerdo en que el arte **sea** aburrido.
  Estoy de acuerdo en que el arte **es** aburrido.

14 Combina las opiniones con las que correspondan según el contexto.

__d__ **1.** Niego que la discriminación...
__g__ **2.** No es cierto que para tener éxito...
__a__ **3.** Creo que un buen amigo...
__f__ **4.** No estoy de acuerdo en que en el mundo...
__b__ **5.** Afirmo que el francés...
__e__ **6.** No es cierto que los estudiosos...
__c__ **7.** No creo que mi mejor amigo...

a. debe ser leal.
b. es un idioma difícil de aprender.
c. no sepa respetar mis sentimientos.
d. sea un problema del pasado.
e. sean secos y poco amigables.
f. exista la desigualdad.
g. sea necesario tener dinero.

15 Cambia las siguientes afirmaciones a negaciones.

1. Es verdad que tenemos que combatir la ignorancia.
No es verdad que tengamos que combatir la ignorancia.

2. Creo que hay muchos prejuicios en el mundo.
No creo que haya muchos prejuicios en el mundo.

3. Estoy de acuerdo en que debemos juzgar a las personas antes de conocerlas.
No estoy de acuerdo en que debamos juzgar a las personas antes de conocerlas.

4. Creo que es importante mantener una imagen positiva de uno mismo.
No creo que sea importante mantener una imagen positiva de uno mismo.

5. Es cierto que uno puede dar una impresión equivocada sin querer.
No es cierto que uno pueda dar una impresión equivocada sin querer.

Todo tiene solución

16 Ordena las letras de las siguientes palabras basándote en las pistas.

Pista	Letras	Palabra
1. Lo que le compras a alguien en su cumpleaños:	aregol	**regalo**
2. Poner los brazos alrededor de alguien.	zoraba	**abrazo**
3. Provocarle dolor a otra persona.	rrhei	**herir**
4. Lo que le pides a alguien a quien maltrataste.	psiducal	**disculpa**
5. Decirle algo a alguien para herirlo(a).	rtuasinl	**insultar**

17 Separa las siguientes palabras o frases entre las que causan un conflicto y las que ayudan a resolverlo.

herir	**comprar un regalo**	**pelearse**	**dar un abrazo**
discutir	**reconciliarse**	**maltratar**	**insultar**
ser fiel	**admitir un error**	**ofender**	**hacer las paces**

Causan conflicto	Resuelven un conflicto
herir	**comprar un regalo**
pelearse	**dar un abrazo**
discutir	**reconciliarse**
maltratar	**ser fiel**
insultar	**admitir un error**
ofender	**hacer las paces**

18 Escoge la palabra que corresponda a cada una de las siguientes definiciones.

c 1. Reconciliarse con alguien.
a. discutir **b.** pelearse **c.** hacer las paces

b 2. Decir en qué te equivocaste.
a. ofender **b.** admitir un error **c.** maltratar

b 3. No olvidar que alguien te ofendió.
a. besar **b.** estar resentido **c.** dar un abrazo

a 4. Lo que le pides a alguien cuando no sabes qué hacer.
a. un consejo **b.** una disculpa **c.** un regalo

c 5. Discutir mucho con alguien.
a. darse un abrazo **b.** reconciliarse **c.** pelearse

VOCABULARIO 2

19 Lee las oraciones y decide si cada una es **cierta (C)** o **falsa (F)**.

C 1. Los rumores son chismes sobre las personas que no son ciertos.

F 2. Para resolver un problema con un amigo debes dejar de hablarle.

F 3. Ser fiel no es un valor o principio muy importante.

C 4. Cuando los amigos se pelean deben darse tiempo para pensarlo.

F 5. Cuando ofendes a alguien, no es importante pedir perdón.

C 6. Cuando cometes un error lo mejor es admitirlo.

20 Luisa tiene problemas con su novio, y Lucía le da consejos para que se reconcilien. Completa sus consejos con las palabras del cuadro.

herirlo	comprarle un regalo	romper con	rumores
insultarlo	cometer un error	hacerle caso	hacer las paces

1. ¿Has pensado en **romper con** él?
2. Date tiempo para pensarlo, no vayas a **cometer un error**.
3. No te olvides de **comprarle un regalo** para su cumpleaños.
4. No te conviene **insultarlo**, puedes **herirlo**.
5. Sugiero que olvides todo lo que escuchaste, sólo eran **rumores**.
6. Sería una mala idea no **hacerle caso**; él quiere **hacer las paces** contigo.

21 Tu amigo te cuenta sus problemas. Sugiérele qué hacer para resolverlos usando las expresiones de **¡Exprésate! Answers will vary. Sample answers provided.**

1. El chico nuevo en mi clase tiene fama de ser muy creído.
   Sugiero que no hagas caso a los rumores.
2. Ayer no dormí, estuve viendo la televisión toda la noche.
   No te conviene ver tanta televisión.
3. Mi novia pasa mucho tiempo con sus amigos. Voy a romper con ella.
   Sería una buena idea hablarle antes de romper con ella.
4. Tengo muchos problemas en la escuela.
   ¿Has pensado en hablar con el director?
5. Creo que voy a dejar de estudiar.
   Date tiempo para pensarlo.

VOCABULARIO 2

22 Separa las siguientes frases entre consejos y disculpas.

No te conviene...	**Sería una mala idea.**	**Créeme que fue sin querer.**
No lo hice a propósito.	**Te juro que no lo volveré a hacer.**	
No quise ofenderte.	**No sé en qué estaba pensando.**	
No te olvides de...	**¿Has pensado en...?**	**Date tiempo para pensarlo.**

Consejos	Disculpas
Sería una mala idea.	**No quise ofenderte.**
Date tiempo para pensarlo.	**Te juro que no lo volveré a hacer.**
No te conviene...	**No lo hice a propósito.**
No te olvides de...	**No sé en qué estaba pensando.**
¿Has pensado en...?	**Créeme que fue sin querer.**

23 Ordena las palabras para formar la disculpa.

MODELO error / cometí / perdóname / un **Perdóname, cometí un error.**

1. lo / que / a / volveré / juro / no / te / hacer **Te juro que no lo volveré a hacer.**
2. querer / que / sin / créeme / fue **Créeme que fue sin querer.**
3. ofenderte / no / quise **No quise ofenderte.**
4. lo / no / propósito / a / hice **No lo hice a propósito.**
5. qué / estaba / en / no / pensando / sé **No sé en qué estaba pensando.**

24 Ofendiste a un amigo y no quieres que esté resentido. Escribe una disculpa para cada una de sus declaraciones. **Answers will vary. Sample answers provided.**

MODELO Me hiciste mucho daño. **No quise hacerte daño.**

1. No puedo creer que me hayas hecho esto de nuevo.
   Te juro que no lo volveré a hacer.
2. Me maltrataste a propósito.
   Créeme que fue sin querer.
3. No es buena idea insultar a tus amigos.
   No lo hice a propósito.
4. De verdad, me ofendiste.
   No quise ofenderte.
5. Me insultaste mucho.
   Perdóname. No sé en qué estaba pensando.

Todo tiene solución

Future tense

- Use the **future** tense to talk about events in the future.
- The future tense can also be used to talk about the probability of something happening or being true.

Endings: **-é, -ás, -á, -emos, -éis, -án**
Mañana iré a casa de Jorge.

¿Adónde va Luis?
No sé, **irá** a su casa.

25 Imagínate que te peleaste con tu mejor amigo(a) y hace rato que no se hablan. Escribe lo que vas a hacer para reconciliarte con él (ella). Usa el futuro de las expresiones en paréntesis y sigue el modelo como guía.

MODELO (darle tiempo para pensarlo)
Le daré tiempo para pensarlo.

1. (admitir un error) **Admitiré mi error.**
2. (pedir disculpas) **Le pediré disculpas.**
3. (comprarle un regalo) **Le compraré un regalo.**
4. (hacer las paces / darle un abrazo) **Haremos las paces y le daré un abrazo.**
5. (no estar resentido(a)) **No estaré resentido(a).**
6. (no discutir / con él (ella) todo el tiempo)
No discutiré con él (ella) todo el tiempo.

26 Reacciona a las siguientes declaraciones con tu propia opinión. Usa el futuro del verbo en paréntesis para expresar probabilidad y sigue el modelo como guía.

Answers will vary. Sample answers provided.

MODELO Irene rompió con su novio. (estar)
Estará muy triste.

1. Luis parece muy preocupado. (tener)
Tendrá problemas en casa o en el colegio.
2. Rosa y Miguel están pasando mucho tiempo juntos. (ser)
Serán más que amigos.
3. No entiendo por qué Alicia no quiere hablar conmigo. (estar)
Estará resentida.
4. Alberto y Lourdes tuvieron un gran malentendido. (haber)
Él la habrá insultado sin querer.
5. ¿Adónde van los chicos? (ir a comprar)
Irán a comprar los regalos.

Nombre ______________________ Clase ____________ Fecha ____________

CAPÍTULO **3**

GRAMÁTICA 2

Conditional tense

- Use the **conditional** to express what *would happen* or what someone *would do* in certain circumstances.
- Expressions often used with the conditional: **yo que tú, en tu lugar,** and **en esa situación.**

  Yo que tú, **hablaría** con ella.
  En tu lugar, **sería** menos celoso.
  En esa situación, no le **haría** caso.
- The same endings for **-er, -ar,** and **-ir** verbs are added to the infinitive form: **-ía, -ías, -ía, -íamos, -íais, -ían.**
- To express what you *would* or *would not like* you must use the conditional as well:

  Me **gustaría** recibir un regalo.
  Me **molestaría** suspender el curso.

27 Cambia las siguientes oraciones al condicional.

1. A ustedes les gusta practicar jai-alai.
   A ustedes les gustaría practicar jai-alai.
2. A mi mamá le entusiasma viajar por el mundo.
   A mi mamá le entusiasmaría viajar por el mundo.
3. A mí me ofenden los estereotipos.
   A mí me ofenderían los estereotipos.
4. A él le encanta recibir regalos.
   A él le encantaría recibir regalos.
5. A ti te frustra pelearte con tus amigos.
   A ti te frustraría pelearte con tus amigos.

28 Tu mejor amigo te cuenta los problemas que tiene en el colegio. Ten en cuenta la situación y dale tus propios consejos usando el condicional.

1. Voy a suspender la clase de cálculo. Es muy difícil y no sé qué hacer.
   En tu lugar, **estudiaría más.**
2. Nunca tengo buenos apuntes para estudiar.
   Yo que tú, **tomaría más apuntes.**
3. Es muy difícil. El profesor explica muy rápido.
   En tu lugar, **hablaría con el profesor.**
4. Creo que él tiene una impresión equivocada de mí.
   En esa situación, **deberías aclarar el malentendido.**

Answers will vary. Sample answers provided.

GRAMÁTICA 2

Additional uses of the conditional

- To express contrary-to-fact situations you must use the conditional with "if" statements such as: **si yo (tú) fuera(s), si yo (tú) tuviera(s), si yo (tú) pudiera(s).**

Si yo fuera el director, **remodelaría** la escuela.
Si tú tuvieras más apuntes, **podrías** estudiar mejor.
Si yo pudiera ayudarte, lo **haría**.

29 Combina las frases con las que correspondan según el contexto.

__c__ **1.** Si tú tuvieras problemas...
__d__ **2.** Si tú fueras infiel...
__e__ **3.** Si tú pudieras darme tiempo...
__b__ **4.** Si yo pudiera viajar...
__a__ **5.** Si yo tuviera alas...

a. volaría.
b. iría a la costa.
c. te aconsejaría.
d. tu novia rompería contigo.
e. lo pensaría.

30 Completa las siguientes oraciones con lo que harías tú en cada situación.

Answers may vary. Sample answers provided.

1. Si yo tuviera que hacer las paces con alguien,
admitiría mi error y le pediría una disculpa.

2. Si yo pudiera ayudar a un amigo,
lo haría sin pensarlo.

3. Si yo fuera el presidente del país,
construiría más colegios.

4. Si yo pudiera ver el futuro,
lo utilizaría para ayudar a mis amigos.

5. Si yo tuviera un amigo desleal,
dejaría de hablarle.

6. Si yo fuera atleta olímpico,
practicaría el salto de altura.

Nombre ______________________ Clase ______________ Fecha ______________

CAPÍTULO 4

Entre familia

VOCABULARIO 1

1 Escoge la palabra que corresponda a cada una de las siguientes definiciones.

__a__ **1.** Es el hermano de mi esposa.
a. mi cuñado **b.** mi suegro **c.** mi sobrino

__c__ **2.** Es la madre de mi esposo.
a. mi cuñada **b.** mi madrastra **c.** mi suegra

__a__ **3.** Es la hija de mi madre y mi padrastro.
a. mi medio hermana **b.** mi hermanastra **c.** mi hermana

__b__ **4.** Es la hija de mi hermano.
a. mi suegra **b.** mi sobrina **c.** mi medio hermana

__b__ **5.** Son los hijos de mi madrastra y su ex-esposo.
a. mis medio hermanos **b.** mis hermanastros **c.** mis cuñados

2 Escribe la palabra de **Vocabulario** que mejor describa cada ilustración.

a. __casarse__

b. __graduarse__

c. __la reunión familiar__

d. __dar a luz__

3 Lee las oraciones y decide si cada una es **cierta** (C) o **falsa** (F).

__C__ **1.** Los novios se comprometen para casarse.

__C__ **2.** Cuando una mujer da a luz, nace un bebé.

__F__ **3.** Un funeral es una reunión familiar feliz.

__F__ **4.** Los hermanastros son hijos del mismo padre.

__C__ **5.** Es necesario divorciarse para poder casarse de nuevo.

VOCABULARIO 1

4 Completa la conversación entre Paulina y Daniela con las palabras del cuadro.

cuñada	me cuentas	estaba casada	funeral	anda haciendo
dio a luz	suegro	se graduó	sobrino	reunión familiar

Paulina ¿Adónde fuiste ayer?

Daniela Fui a una (**1**) **reunión familiar** en casa de mi amiga Ana.

Paulina ¿Ah sí? ¿Y (**2**) qué **me cuentas** de ella?

Daniela Fíjate que (**3**) **se graduó** de la universidad.

Y tú, ¿a dónde fuiste?

Paulina Fui al (**4**) **funeral** del (**5**) **suegro** de Irene.

Daniela Cuéntame, ¿(**6**) qué **anda haciendo** ella estos días?

Paulina Pues, está triste por su suegro, pero feliz porque su (**7**) **cuñada** (**8**) **dio a luz** el mes pasado.

El bebé es su primer (**9**) **sobrino**.

Daniela ¿En serio? No sabía que su cuñada (**10**) **estaba casada**.

5 Completa las siguientes oraciones con palabras de **Vocabulario.**

1. Cuando Juan le pidió la mano a Lucía, le dio **un anillo de compromiso**.
2. Los papás de Víctor decidieron **divorciarse** porque ya no se amaban.
3. El Sr. y la Sra. Gómez necesitan darse tiempo para pensar si quieren seguir casados, por eso decidieron **separarse**.
4. Sara está embarazada y pronto va a **dar a luz**.
5. José va a **graduarse** del colegio este año.

6 Escribe tu reacción a las siguientes noticias usando las expresiones de **¡Exprésate!**

Answers will vary. Sample answers provided.

1. Ana dio a luz a los cincuenta años.
   ¡No me lo puedo creer!
2. Ramiro se graduó finalmente de la universidad.
   ¡No me digas!
3. ¿Te acuerdas que Saúl dijo que nunca se casaría? Pues se comprometió.
   Me has dejado boquiabierta.
4. Fíjate que los papás de Carlos se han reconciliado.
   ¡Qué sorpresa que se hayan reconciliado!

VOCABULARIO 1

7 Contesta las siguientes preguntas con la información del cuadro y sustituye la frase subrayada por el miembro de la familia de Ana al que se refiere.

madrastra: dar a luz	cuñada: separarse de su esposo
sobrino: graduarse del colegio	hermanastra: comprometerse
medio hermano: casarse	suegro: seguir trabajando como director

MODELO ¿Qué me cuentas de <u>la nueva esposa del padre</u> de Ana?
Según tengo entendido, la madrastra de Ana dio a luz.

1. ¿Qué sabes de <u>la hermana de su esposo</u>?
   Pues, su cuñada se separó de su esposo.
2. ¿Qué anda haciendo <u>el hijo de su hermano</u>?
   Fíjate que su sobrino se ha graduado del colegio.
3. ¿Qué sabes de <u>la hija de su madrastra</u>?
   Pues, su hermanastra se comprometió.
4. ¿Qué me cuentas del <u>hijo de su madre y su padrastro</u>?
   Según tengo entendido, su medio hermano se casó.
5. ¿Qué anda haciendo <u>el padre de su esposo</u>?
   Fíjate que su suegro sigue trabajando como director.

8 Contesta las siguientes preguntas usando la información en paréntesis y las expresiones de **¡Exprésate! Answers will vary. Sample answers provided.**

MODELO ¿Qué sabes de Arturo? (separarse de su esposa)
Según tengo entendido, se separó de su esposa.

1. ¿Qué me cuentas de Daniel y Paulina? (comprometerse)
   Según tengo entendido, se comprometieron.
2. ¿Qué anda haciendo Alejandro? (graduarse de la universidad)
   Fíjate que se graduó de la universidad.
3. ¿Qué sabes de Andrea? (aún trabaja como consejera)
   Pues, sigue trabajando como consejera.
4. ¿Qué sabes del Sr. y la Sra. López? (divorciarse)
   Pues, se han divorciado.
5. ¿Qué me cuentas de Claudia? (dar a luz a su primer hijo)
   Según tengo entendido, dio a luz a su primer hijo.

Entre familia

Present progressive

- The **present progressive** describes actions that are in progress at the present time.
  No hagas ruido, el bebé **está durmiendo.** Alicia **sigue practicando** atletismo.
- It is formed by using **estar / andar / seguir** + present participle of the verb, which is formed by deleting the ending and adding **-ando** or **-iendo.**
- Some verbs have spelling changes in their present participles, especially stem-changing verbs such as: **caer ➠ cayendo, decir ➠ diciendo, poder ➠ pudiendo.**
- Object pronouns are placed before the first verb or attached to the participle.
  Su mamá **lo** está cuidando. Su mamá está cuidándo**lo.**

9 Escribe cuatro oraciones para describir qué están haciendo las personas en el dibujo. Usa el presente progesivo. **Answers will vary. Sample answers provided.**

1. **Los novios están pensando en el matrimonio.**
2. **Algunas personas están comiendo.**
3. **El chico está leyendo algo.**
4. **Unas personas están saliendo de la cafetería.**

10 Contesta las siguientes preguntas usando el presente progresivo y los pronombres de complemento directo o indirecto según corresponda.

MODELO ¿Ya terminaste la tarea?
No, pero ya la estoy terminando. / No, pero ya estoy terminándola.

1. ¿Ya tienes el regalo para tía Rosa?
   No, pero mi hermano está comprándolo ahora.
2. ¿Ya mandaste las invitaciones?
   Creo que Luis está mandándolas.
3. ¿Ya planeaste el menú?
   Mamá está planeándolo.
4. ¿Ya encontraste las decoraciones?
   No, pero mi hermano está buscándolas.

GRAMÁTICA 1

Present perfect indicative

- The **present perfect** indicative describes what has or has not happened in a period of time up to the present or talks about something that happened very recently. It is formed by using the present tense of **haber** + **past participle** of the main verb.

  Nosotros no **hemos estudiado** aún. **He jugado** boliche todo el día.
- If a **pronoun** is used it must be placed before the conjugated form of **haber.**

  Alicia y yo **nos** hemos comprometido.
- An accent must be placed on the i if the stem of an **-er** or **-ir** verb ends in a vowel other than **u: leer ➠ leído, traer ➠ traído.**

11 Completa la siguiente historia con el presente perfecto de los verbos en paréntesis.

A mí me encantan las aventuras. He participado en muchos deportes: (1) **he jugado** (jugar) al jai-alai, (2) **he practicado** (practicar) la esgrima y hasta (3) **he escalado** (escalar) montañas. También me gustan los viajes. Mi mejor amigo y yo (4) **hemos ido** (ir) a Europa varias veces y el próximo año pensamos ir a Asia, pues la gente nos (5) **ha dicho** (decir) que es formidable. Siempre (6) **he sido** (ser) una persona muy activa. Sólo una vez en la vida (7) **he hecho** (hacer) un rompecabezas. Y eso fue porque mi hermana se la pasaba diciéndome que era una actividad interesante. A mi parecer, ella (8) se **ha equivocado** (equivocar).

12 La mamá de Emilia le pregunta si ha realizado o no las siguientes tareas. Escribe sus respuestas, sustituyendo las frases subrayadas con pronombres.

MODELO ¿Has limpiado tu habitación? (no) **No, no la he limpiado.**

1. ¿Le has comprado un regalo a tu papá? (sí)
   Sí, le he comprado un regalo.
2. ¿Has estudiado la lección? (no)
   No, no la he estudiado.
3. ¿Has tomado apuntes en tus clases? (no)
   No, no los he tomado.
4. ¿Has visto la nueva película? (sí)
   Sí, la he visto.

GRAMÁTICA 1

Present perfect subjunctive

- The **present perfect subjunctive** is formed by combining the subjuntive of **haber** and the past participle of the main verb.

  haya, hayas, haya, hayamos, hayáis, hayan + visto

- Use the present perfect subjunctive to express an emotion, judgement, doubt, or hope about something that has or has not happened.

  Me sorprende que Ana no **haya visto** a Eduardo.

13 Completa las oraciones con el presente perfecto del subjuntivo o del indicativo.

1. Los Gómez tienen muchos problemas. No entiendo por qué no **se han divorciado** (divorciarse).
2. Pedro y Ana se quieren mucho. No **se han casado** (casarse) porque Pedro está esperando terminar la universidad.
3. Todavía me sorprende que tu padrastro **se haya muerto** (morirse).
4. ¡Qué bueno que hagamos una reunión familiar! No **he visto** (ver) a mis primos en mucho tiempo.
5. Verónica y Juan creen que dándose tiempo, pueden reconciliarse. Me parece bien que **se hayan separado** (separarse).

14 Reacciona a las siguientes declaraciones usando las expresiones del cuadro y el presente perfecto del subjuntivo. Sigue el modelo como guía. **Answers will vary. Sample answers provided.**

MODELO Tu hermana y su novio se comprometieron.
Me alegra que ellos se hayan comprometido.

Es natural que...	Me molesta que...	Es curioso que...	Es triste que...

1. Los papás de nuestro amigo se separaron.
   Es triste que se hayan separado.
2. Nina se enfadó *(got angry)* con Jorge porque lo vio con otra chica.
   Es natural que se haya enfadado.
3. Pedro se casó con una chica que conoció la semana pasada.
   Es curioso que se hayan casado tan rápido.
4. Tu amiga Alicia salió con el chico que te gusta.
   Me molesta que Alicia haya salido con el chico que me gusta.

Nombre ______________________ Clase ______________ Fecha ____________

CAPÍTULO 4

Entre familia

VOCABULARIO 2

15 Ordena las letras de las siguientes palabras basándote en las pistas.

Pista	Letras	Palabra
1. Es una fruta verde por fuera y roja por dentro, con semillas negras.	asdaín	**sandía**
2. Es una fruta roja que a menudo se pone sobre un helado.	rezcae	**cereza**
3. Son las uvas secas.	sapsa	**pasas**
4. Es la comida tradicional del Día de Acción de Gracias.	ovpa	**pavo**
5. Es un producto lácteo *(dairy)* que a menudo se come con frutas.	gruyo	**yogur**

16 Escoge la palabra que corresponda a cada una de las siguientes definiciones.

__c__ **1.** Fruta similar a la naranja pero con un sabor muy agrio.
a. el apio **b.** el calabacín **c.** la toronja

__a__ **2.** Cuando la leche está mala está:
a. pasada **b.** para chuparse los dedos **c.** fría

__a__ **3.** Cuando algo te da náuseas te da:
a. asco **b.** delicia **c.** sabor

__c__ **4.** Es un marisco *(seafood)* de color rojo y carne blanca con grandes tenazas *(claws)*.
a. la salchicha **b.** los camarones **c.** la langosta

__b__ **5.** Es verde y lo necesitas para preparar guacamole.
a. el calabacín **b.** el aguacate **c.** el coliflor

17 Lee las oraciones y decide si cada una es **cierta** (C) o **falsa** (F).

__F__ **1.** Cuando algo está para chuparse los dedos es que nos da asco.

__C__ **2.** Comer camarones pasados te puede enfermar.

__F__ **3.** Calabacín es otra palabra para llamar al pepino.

__F__ **4.** El puerco es una verdura.

__C__ **5.** Si la leche huele mal, es porque está pasada.

VOCABULARIO 2

18 Olivia es muy negativa y nada le gusta. Completa esta conversación con su mamá con las palabras y frases del cuadro.

bizcocho	**pepino**	**chícharos**	**pasada**
para chuparse los dedos		**pollo**	**le falta sabor**

Mamá Aquí tienes tu leche.

Olivia ¡Está (1) **pasada** !

Mamá No puede ser. Acabo de comprarla. Tómatela y cómete los (2) **chícharos** .

Olivia Me dan asco esas bolitas verdes.

Mamá Entonces come un poco de ensalada. Me salió buenísima; está (3) **para chuparse los dedos** .

Olivia Ya sabes que no me gusta el (4) **pepino** .

Mamá ¿Por qué no te comes el (5) **pollo** frito?

Olivia Es que (6) **le falta sabor** , pero no sé qué le falta. Dame mejor un poco de ese delicioso (7) **bizcocho** de chocolate que preparaste.

Mamá Lo siento. Es sólo para los que han acabado su comida, y tú no lo has hecho.

19 Usa las palabras del cuadro para sugerir un plato para cada persona.

los frijoles	**los camarones**	**la toronja**
el pepino	**el bizcocho de chocolate**	

Answers will vary. Sample answers provided.

1. Miguel quiere algo con el pollo, pero no le gustan las verduras.
   Debes pedir los frijoles.
2. Rosana quiere pedir un postre.
   Sugiero que pruebes el bizcocho de chocolate.
3. De postre, abuela quiere comer una fruta.
   Te recomiendo que pidas la toronja.
4. A Alicia le encantan los mariscos.
   Sugiero que pidas los camarones.
5. Papá quiere una ensalada de lechuga y alguna otra verdura.
   Debes pedir una ensalada de pepino.

VOCABULARIO 2

20 Escribe lo que dirías en cada situación. **Answers will vary. Sample answers provided.**

1. Tú mamá preparó tu plato favorito y comiste todo.
   Mamá, la comida estaba para chuparse los dedos.
2. La sopa de verduras que pediste en un restaurante no sabe a nada.
   A esta sopa le falta sabor.
3. El cocinero le puso demasiada sal al pollo frito.
   El pollo frito está salado.
4. Tu hermano menor está comiendo un bistec que se cayó al suelo.
   ¡Qué asco!
5. Estás comiendo el mejor bizcocho de chocolate que has probado.
   ¡Sabe delicioso!

21 Combina las frases con las que correspondan según el contexto.

c 1. La leche está fría.
e 2. El puerco asado quedó muy picante.
d 3. Al pollo frito le falta sabor.
a 4. Al dulce de coco le falta algo, pero no sé qué le falta.
b 5. El guacamole está muy agrio.

a. Es que se me olvidó ponerle azúcar.
b. Se me fue la mano con el limón.
c. Es que se me olvidó calentarla.
d. Es que se me acabó el ajo.
e. Se me fue la mano con la pimienta.

22 Imagina que preparaste una comida para tus amigos pero no salió muy bien. Da una explicación para cada uno de sus comentarios. **Answers will vary. Sample answers provided.**

1. El yogur de coco no sabe a nada.
   Es que se me olvidó ponerle el coco.
2. Los camarones están muy picantes.
   Es que se me fue la mano con la pimienta.
3. El arroz quedó muy seco.
   Es que se me olvidó ponerle más agua.
4. El bizcocho de chocolate no quedó muy dulce.
   Es que se me acabó el azúcar.
5. El pavo sabe mucho a ajo.
   Es que se me fue la mano con el ajo.

Entre familia

Preterite

- The **preterite** expresses actions completed at specific times in the past.

-ar verbs:	**-é, -aste, -ó, -amos, -asteis, -aron**
-er / -ir verbs:	**-í, -iste, -ió, -imos, -isteis, -ieron**

- Some verbs have irregular stems in the preterite: **estar, poder, poner, saber, tener, venir, traer, decir, querer, dar, hacer, ir,** and **ser. Ir** and **ser** share the same form.
- Some verbs change meaning in the preterite.

conocer: to know ➠ *met, first saw* **saber:** to know ➠ *found out, realized*
querer: to want ➠ *tried to, meant to* **no querer:** to not want ➠ *refused*

23 Completa las oraciones con el presente o el pretérito del verbo.

1. Yo (querer) **quiero** aprobar mi examen de literatura mañana. Yo (querer) **quise** estudiar anoche, pero no (poder) **pude** con el ruido.
2. Mónica (saber) **supo** ayer que Andrea (suspender) **suspendió** el examen. Yo no (saber) **sé** qué va a pasar si no estudio.
3. Andrea (ir) **fue** a hablar con el profesor después de la clase ayer. Dijo que el examen (ser) **fue** demasiado difícil.
4. Yo (conocer) **conocí** a Andrea el año pasado. Ella (conocer) **conoce** muy bien a los profesores.

24 Completa el párrafo con el pretérito de los verbos del cuadro.

ir	regresar	tomar	pedir	quedar	traer	tener

Anoche (1) **tuvimos** una cena increíble. Mi familia y yo (2) **fuimos** a un restaurante magnífico. Los meseros parecían flotar en el aire porque hacían todo tan rápido. Uno de ellos (3) **tomó** nuestro pedido de bebidas en menos de dos minutos y al rato (4) **regresó** con la lista de entradas. Yo (5) **pedí** un caldo de camarones, un bistec y unas papas fritas y mi mamá (6) **pidió** el puerco asado. Mi papá se (7) **quedó** sorprendido, pues mamá y yo generalmente no comemos mucho. La única queja que tengo es que el mesero me (8) **trajo** un caldo de pollo en vez de un caldo de camarones.

GRAMÁTICA 2

Se + indirect object pronouns

- To talk about unintentional events, use:

se + indirect object pronoun (person to whom the event happened) + verb

A **mí,** se **me** **quemaron** los **frijoles.**

(se ↔ me: person agreement; quemaron ↔ frijoles: verb agrees with object(s))

- These are verbs commonly used in this construction: **quedar, quemar, perder, olvidar, caer, romper,** and **acabar.**

25 Combina las frases con las que correspondan según el contexto.

e 1. Perdón, se me hizo...
c 2. Queremos cereales pero se nos acabó...
a 3. Se les olvidó...
b 4. Sandra tiene que estudiar pero se le perdieron...
d 5. A mamá, se le quemaron...

a. preparar la cena.
b. los apuntes.
c. la leche.
d. los calabacines.
e. tarde.

26 Usa la información en paréntesis y escribe una oración sobre lo que les pasó a las siguientes personas sin querer.

MODELO (Rocío / quemar los frijoles) **A Rocío se le quemaron los frijoles.**

1. (nosotros / quedar la puerta abierta)
   A nosotros se nos quedó la puerta abierta.
2. (mi mamá / perder las llaves)
   A mi mamá se le perdieron las llaves.
3. (Héctor / romper el pantalón)
   A Héctor se le rompió el pantalón.
4. (tú / olvidar la tarea)
   A ti se te olvidó la tarea.
5. (ustedes / caer el dulce de coco)
   A ustedes se les cayó el dulce de coco.

Nombre ______________________ Clase ______________ Fecha ______________

CAPÍTULO **4**

GRAMÁTICA 2

Past progressive

- The **past progressive,** imperfect of **estar** + present participle of the main verb, describes past actions in progress: Elena **estaba comiendo.**
- When the past progressive is used together with the preterite, the preterite describes a completed action or interrupting event within the setting or while the other action was in progress: **Estaba lloviendo** cuando **llegué** a casa.

27 Describe lo que estaban haciendo los hijos cuando sus padres llegaron a casa.

1. Lorenzo

2. Elena

3. Tito y Sara

1. **Lorenzo estaba viendo la televisión.**
2. **Elena estaba hablando por teléfono.**
3. **Tito y Sara estaban lavando el carro.**

28 Combina las palabras de las siguientes columnas para formar oraciones. Sigue el modelo como guía. **Answers will vary. Sample answers provided.**

MODELO **sujeto:** David **acción en progreso:** caminar
acción que interrumpe: ver
David estaba caminando por la ciudad cuando vio al actor famoso.

sujeto	**acción en progreso**	**acción que interrumpe**
yo	dormir	sonar
tú	hablar	llegar
mi mamá	estudiar	empezar
los estudiantes	salir	entrar
mis amigos y yo	correr	caerse

1. **Yo estaba hablando con mi mamá cuando sonó el teléfono.**
2. **Tú estabas durmiendo cuando llegó tu papá.**
3. **Mi mamá estaba corriendo cuando se cayó.**
4. **Los estudiantes estaban estudiando cuando entró el director.**
5. **Mis amigos y yo estábamos saliendo cuando empezó a llover.**

Nombre ______________________ Clase ______________ Fecha ____________

El arte y la música

VOCABULARIO 1

1 Ordena las letras de las siguientes palabras basándote en las pistas.

Pista	Letras	Palabra
1. Es una pintura a base de agua.	rlucaaea	**acuarela**
2. Es un arte en que se usan lápices.	ubjido	**dibujo**
3. Es una construcción muy alta.	rorte	**torre**
4. Está sobre un río o una carretera.	eputne	**puente**
4. Es una obra de arte en piedra.	asuteat	**estatua**

2 Completa las siguientes oraciones con las palabras del cuadro.

exposiciones	**contemporáneo**	**dibujos**	**clásicos**	**escultura**	**galería**

1. La **galería** de arte tiene exposiciones todo el año.
2. Este mes exponen las obras de un artista **contemporáneo**.
3. Sus **dibujos** son muy abstractos.
4. Algunas personas prefieren las **exposiciones** de arte clásico.
5. La siguiente exposición será de **escultura**.
6. Será una colección de obras de escultores **clásicos**.

3 Imagina la siguiente conversación y escribe una opinión contraria a las siguientes oraciones usando el vocabulario de **¡Exprésate!** **Answers will vary. Sample answers provided.**

MODELO La arquitectura moderna es poco imaginativa.
Yo la encuentro muy original.

1. Me gusta la pintura clásica.
Yo prefiero la pintura contemporánea.
2. Me llama la atención el arte abstracto.
A mí me llama la atención el arte realista.
3. Yo prefiero la fotografía a la cinematografía.
A mí me gusta más la cinematografía.
4. La escultura es el arte más importante.
A decir verdad, me parece que la arquitectura es más importante.
5. El arte antiguo es el más original.
Yo lo encuentro poco imaginativo.

VOCABULARIO 1

4 Lee las oraciones y decide si cada una es **cierta** (C) o **falsa** (F).

C 1. Los dibujos, los retratos y las acuarelas son obras de arte.
F 2. Tallar en madera es un arte contemporáneo.
F 3. La escultura es siempre realista.
C 4. Los puentes y las torres son obras de arquitectura.
F 5. Todo el arte es antiguo.
C 6. Las galerías y los museos presentan exposiciones artísticas.
C 7. La pintura, la escultura y la fotografía pertenecen a las artes plásticas.
F 8. Los artistas son poco imaginativos.

5 Escoge la(s) palabra(s) correcta(s) que se relacione(n) con cada artista.

a. cinematografía	**b. arquitectura**	**c. fotografía**
d. escultura	**e. pintura**	

e 1. Diego Rivera hizo murales.
a, c 2. Gabriel Figueroa sacó fotos y trabajó en películas.
d 3. Auguste Rodin esculpió "El pensador".
e 4. Frida Kahlo pintó muchos retratos.
b 5. Los aztecas construyeron pirámides.

6 Contesta las siguientes preguntas usando las expresiones de **¡Exprésate!** **Answers will vary. Sample answers provided.**

1. Esta pintura fue pintada por un pintor surrealista. ¿Qué te parece?
   A decir verdad, me parece que es muy abstracta.
2. Esa estatua es una muestra de escultura contemporánea. ¿Qué te parece?
   Me parece muy imaginativa.
3. ¿Qué opinas de la escultura clásica?
   La encuentro muy realista.
4. ¿Cuál de estas pinturas te gusta más, la acuarela o el retrato?
   En realidad, admiro más los retratos.
5. ¿Qué opinas de la arquitectura moderna?
   Me fascinan los edificios modernos.

VOCABULARIO 1

7 Haz una lista con todas las palabras del cuadro que se puedan usar para describir cada imagen. Haz los cambios que sean necesarios a los adjetivos.

contemporáneo	imaginativo	abstracta	realista	pintura
obra de arte	esculpir	antiguo	estatua	clásico

estatua	pintura
realista	contemporánea
clásica	obra de arte
obra de arte	abstracta
imaginativa	imaginativa
esculpir	
antigua	

8 Escribe las expresiones en la columna correspondiente.

A decir verdad, me parece...
Eso me hace pensar en...
Cambiando de tema, ¿Qué me dices de...?
En realidad, admiro...
Este retrato fue pintado por... ¿Qué te parece?
Lo/La encuentro muy...
¿Qué opinas de...?
A propósito, ¿qué has oído de el/la...?
¿Cuál de estas pinturas te gusta más?
Hablando de arte, ¿qué me cuentas de...?

Para dar o pedir una opinión	Para cambiar de tema
A decir verdad, me parece...	Eso me hace pensar en...
Lo/La encuentro muy...	Cambiando de tema, ¿Qué me dices de...?
En realidad, admiro...	A propósito, ¿qué has oído de el/la...?
¿Qué opinas de...?	Hablando de arte, ¿qué me cuentas de...?
Este retrato fue pintado por... ¿Qué te parece?	
¿Cuál de estas pinturas te gusta más?	

El arte y la música

To make comparisons and express the superlative, use:

- object 1 + **ser** + **tan** + adjective + **como** + object 2
  Este retrato / Estas acuarelas (no) **es** / **son** **tan** original / imaginativas **como** el otro. / las del otro pintor.
- **El/la/los/las** + **más/menos** + adjective + **de** **OR** adjective + **ísimo/a/os/as**
  Esta pintura es **la más original de** todas. Aquellos puentes son largu**ísimos.**

9 Compara cada par de objetos según la información dada. **Answers will vary. Sample answers provided.**

MODELO torre A: 5 pisos / torre B: 10 pisos
La torre A no es tan alta como la torre B.

1. este puente: 6 km / ese puente: 8 km
   Este puente no es tan largo como ése.
2. esta fotografía: 4 x 6 / la otra: 4 x 6
   Esta fotografía es tan grande como la otra.
3. la película de acción: del año 2000 / la de misterio: del año 1970
   La película de acción no es tan vieja como la de misterio.
4. la galería de arte: una exposición / el museo de arte: varias exposiciones
   La galería de arte no es tan grande como el museo.

10 Describe cada imagen usando las dos formas del superlativo presentadas.

1.

2.

3.

4.

1. **Este puente es el más largo del mundo. Es larguísimo.**
2. **Esta torre es la más alta del mundo. Es altísima.**
3. **Esta estatua es la más hermosa del mundo. Es hermosísima.**
4. **Esta arquitectura es la más original del mundo. Es originalísima.**

Answers will vary. Sample answers provided.

GRAMÁTICA 1

Passive voice with *se* and impersonal *se*

- The impersonal **se** is used to generalize, and is equivalent to *one, they, people, you.* The verb is always in the third person singular.

  Se vive bien en este país.
  En este colegio **se** trata bien a los estudiantes.

- The passive voice with **se** uses a verb in the third person singular or plural and the verb agrees in number with the recipient of the action. The agent is implied but not mentioned.

Se	+	verb in third person	+	recipient
Se		expusi**eron**		**los** retratos abstractos.
Se		presentar**á**		**la** exposición de pintura.

11 Escribe las oraciones usando **se** impersonal y los verbos en paréntesis.

1. (decir) que la exposición empieza a las ocho
   Se dice que la exposición empieza a las ocho.
2. (observar) arquitectura antigua y moderna en una ciudad colonial
   Se observa arquitectura antigua y moderna en una ciudad colonial.
3. (ver) esculturas y estatuas en los museos de arte
   Se ve esculturas y estatuas en los museos de arte.
4. (reconocer) a los artistas por sus obras imaginativas
   Se reconoce a los artistas por sus obras imaginativas.
5. (hablar) de luz y cámaras en las clases de fotografía
   Se habla de luz y cámaras en las clases de fotografía.

12 Escribe sobre los siguientes eventos usando la voz pasiva con **se.**

1. construir las torres de la iglesia en 1820
   Se construyeron las torres de la iglesia en 1820.
2. dar un premio al escultor más original el próximo mes
   Se dará un premio al escultor más original el próximo mes.
3. destruir el puente de la ciudad durante la revolución
   Se destruyó el puente de la ciudad durante la revolución.
4. pintar un nuevo mural el año pasado
   Se pintó un nuevo mural el año pasado.

GRAMÁTICA 1

Passive voice with *ser*

- The passive voice is also used with **ser** when an agent is specified. The past participle agrees in number with the subject, and **por** introduces the agent.

subject	+	**ser**	+	past participle	+	**por**	+	agent
La estatua		fue		esculpida		por		el escultor.
Las obras		serán		presentadas		por		el actor.

13 Cambia las siguientes oraciones a la voz pasiva usando el verbo **ser.**

1. La galería compró las esculturas.
   Las esculturas fueron compradas por la galería.
2. El pintor presentará sus acuarelas.
   Las acuarelas serán presentadas por el pintor.
3. La mejor escultura ganará el concurso.
   El concurso será ganado por la mejor escultura.
4. Los aztecas hicieron grandes obras de arquitectura.
   Grandes obras de arquitectura fueron hechas por los aztecas.
5. El artista talló la estatua en madera.
   La estatua fue tallada en madera por el artista.

14 Describe cada dibujo en una oración usando la voz pasiva con **ser.**

1.

2.

3.

4.

1. la pirámide / construir / los indígenas (pasado)
   La pirámide fue construida por los indígenas.
2. la iglesia / diseñar / arquitecto famoso (pasado)
   La iglesia fue diseñada por un arquitecto famoso.
3. el retrato / pintar / artista clásico (pasado)
   El retrato fue pintado por un artista clásico.
4. la pintura / comprar / María (futuro)
   La pintura será comprada por María.

El arte y la música

15 Escoge la palabra del cuadro a la que se refiere cada definición.

el escenario	el ballet	la letra	la orquesta	el drama	la obra de teatro

1. Una parte de una canción además del ritmo y la melodía. **la letra**
2. Varios actores la representan para un público. **la obra de teatro**
3. Grupo de varios músicos que tocan una canción. **la orquesta**
4. Está detrás de los actores y nos ayuda a imaginar la obra. **el escenario**
5. Es otro tipo de obra de teatro además de la comedia. **el drama**
6. Es una obra en la que se baila. **el ballet**

16 Pon en orden las oraciones de la siguiente conversación entre dos amigos. La primera oración se ha marcado.

2 a. Te aconsejo que vayas al concierto. Vi la obra y era pésima.
1 b. Tengo boletos para la sinfónica y para el teatro. ¿Qué debo hacer?
3 c. Entonces vendo el boleto para la obra. Oye, ¿viste la nueva película?
5 d. Recomiendo que la veas, es formidable.
4 e. No la vi. ¿Qué opinas de ella?

17 Recomienda que tu amigo(a) vaya a cada uno de los eventos representados en las imágenes y explica por qué. Usa las expresiones de **¡Exprésate!**

1.

2.

3.

1. **Te aconsejo que veas la obra de teatro. Es muy entretenida.**
2. **Es mejor que vayas al ensayo de ballet. Debes practicar más.**
3. **Sería buena idea ir a la ópera. Dicen que es genial.**

VOCABULARIO 2

18 Ordena las letras de las siguientes palabras basándote en las pistas.

	Pista	Letras	Palabra
1.	Los técnicos lo montan antes de la obra de teatro.	rnecesoia	**escenario**
2.	Es un tipo de baile teatral.	lbetal	**ballet**
3.	Es la presentación de una obra artistica.	ófnicun	**función**
4.	Es algo de poco contenido.	salupicierf	**superficial**
5.	Son las personas que ven la obra de teatro.	ilcúpob	**público**
6.	Es algo que el crítico escribe sobre un evento artístico.	erñeas	**reseña**

19 Escribe las palabras que se usan para dar opiniones negativas en una columna y las que se usan para dar opiniones positivas en la otra.

formidable	**entretenido**	**de buen gusto**	**impresionante**
pésimo	**superficial**	**de mal gusto**	**estridente**

Negativas	Positivas
de mal gusto	**impresionante**
pésimo	**entretenido**
estridente	**de buen gusto**
superficial	**formidable**

20 Rechaza (*turn down*) las siguientes invitaciones y explica por qué no puedes aceptarlas usando las expresiones de **¡Exprésate!**

Answers will vary. Sample answers provided.

MODELO ¿Me acompañas a ver la orquesta sinfónica?
Gracias, pero tengo mucho que hacer. La próxima vez iré.

1. ¿Te interesa ir a ver una función de teatro?
Lo siento, pero ya tengo otros planes.

2. ¿Quieres ir a ver el concierto de música clásica?
Gracias por invitarme, pero ya lo he visto.

3. ¿Por qué no vamos al cine?
Hoy no, gracias. ¿Por qué no lo dejamos para la próxima semana?

4. ¿Me acompañas a la presentación de baile folclórico?
Lo siento, pero ya tengo otro compromiso.

VOCABULARIO 2

21 Lee las oraciones y decide si cada una es **cierta** (C) o **falsa** (F).

MODELO __C__ Las comedias son entretenidas.

__F__ **1.** La orquesta está formada por un solo músico.

__C__ **2.** Una obra de teatro necesita un escenario.

__F__ **3.** Las obras de teatro son siempre tragedias.

__F__ **4.** La comedia no pertenece al arte dramático.

__C__ **5.** Se requiere mucho talento para escribir una canción.

__C__ **6.** La letra, el ritmo y la melodía son elementos de la canción.

__F__ **7.** La música de orquesta es siempre estridente.

__C__ **8.** Los actores desempeñan sus papeles para el público.

__C__ **9.** Los críticos hacen reseñas de los eventos artísticos.

__F__ **10.** Los técnicos montan el escenario después de que se presenta la obra.

22 Escoge la palabra que complete mejor cada una de las siguientes oraciones.

__c__ **1.** ¡Me gustó mucho la comedia! Me pareció ____ .

a. pésima **b.** de mal gusto **c.** entretenida

__b__ **2.** Los técnicos montaron un ____ muy hermoso.

a. dibujo **b.** escenario **c.** ritmo

__a__ **3.** La música era estridente y las canciones malas. El concierto me pareció ____ .

a. pésimo **b.** maravilloso **c.** creativo

__a__ **4.** No entendí la obra de teatro; la historia era ____ .

a. incomprensible **b.** estridente **c.** formidable

__c__ **5.** Yo quería ir a ver la obra de teatro pero la reseña decía que era ____ .

a. genial **b.** de buen gusto **c.** de mal gusto

__b__ **6.** Yo quiero ser artista porque me gusta ____ .

a. jugar **b.** crear **c.** desempeñar

__b__ **7.** Creo que la actriz principal desempeñó muy bien su ____ .

a. melodía **b.** papel **c.** pintura

Nombre ______________________ Clase ______________ Fecha ____________

El arte y la música

GRAMÁTICA 2

Subjunctive with hopes and wishes

- Use the subjunctive in sentences that express wishes, hopes, or recommendations.
- Some phrases often followed by the subjunctive are: **aconsejar que, es buena idea que, es mejor que, esperar que, querer que, recomendar que, sugerir que, proponer que, es importante que, pedir que, decir que, necesitar que, ojalá (que), hace falta que,** and **es necesario que.**
- Use the subjunctive when you express a hope or wish for another person, when there is a change in subject between the main and subordinate clauses, and when the clauses are connected by **que.**

  Mis padres me aconsejan **que estudie** mucho.
- If there is no change in subject, use the infinitive and omit **que.**

  Él espera **ganar** el partido.

23 Escoge la frase que mejor completa las siguientes oraciones.

c 1. En la universidad pienso ____.

d 2. Los padres de Inés quieren que ella ____.

b 3. Quiero que mis amigos ____.

a 4. Óscar sugiere que nosotros ____.

e 5. Te recomiendo que ____.

a. vayamos al concierto
b. me acompañen al cine
c. estudiar la cinematografía
d. tome clases de ballet
e. saques una foto de la estatua

24 Completa el párrafo con el subjuntivo o el infinitivo de los verbos del cuadro según el contexto.

ir	**llevar**	**visitar**	**llegar**	**dar**	**subir**

Tengo un amigo en México y me ha pedido que yo lo (1) visite este verano. La verdad, me parece una buena idea. Yo quiero que mi amigo me (2) lleve a ver las pirámides de Teotihuacán. Y luego quiero que nosotros (3) vayamos a los jardines flotanes de Xochimilco, en la ciudad de México. Después quiero (4) dar una caminata por el Zócalo y (5) subir a la torre Latinoamericana. Le voy a decir que pienso (6) llegar el mes que viene. Seguramente le dará mucho gusto verme.

GRAMÁTICA 2

25 Completa las oraciones con la forma del verbo que corresponda según el contexto.

1. Quiero estudiar el ballet pero mis papás prefieren que yo (estudia / estudie) **estudie** la fotografía.
2. Este semestre espero (ensaye / ensayar) **ensayar** con la banda del colegio.
3. Eduardo propone que (veamos / vemos) **veamos** la comedia este fin de semana.
4. Andrés necesita (comprar / compre) **comprar** los boletos para la función.
5. Mis amigos esperan que el concierto de música norteña (sea / es) **sea** bueno.

26 Completa el párrafo con el subjuntivo o el indicativo del verbo según el contexto.

La nueva película es buenísima. Les aconsejo a todos que (1) **vayan** (ir) al cine esta noche a verla. Se trata de un hombre que (2) **da** (dar) sugerencias a sus amigos, pero todo les sale muy mal. Él recomienda que su amigo (3) **viaje** (viajar) a la ciudad, pero él termina en el campo. Entonces propone que el amigo (4) **tome** (tomar) un tren para regresar a la ciudad. El amigo compra su boleto, pero se (5) **sube** (subir) al tren equivocado y llega a otro estado. Es mejor que ustedes mismos (6) **vean** (ver) esta película. Van a ver que es muy entretenida.

27 Escribe oraciones completas usando el subjuntivo. Sigue el modelo.

MODELO propongo que / nosotros / montar el escenario
Propongo que montemos el escenario.

1. el profesor de teatro pide que / nosotros / presentar el drama
   El profesor de teatro pide que presentemos el drama.
2. es importante que / ellos / ensayar con la banda
   Es importante que ellos ensayen con la banda.
3. Ana necesita que / Uds. / crear una canción
   Ana necesita que Uds. creen una canción.
4. hace falta que / ella / escuchar la música de la sinfónica
   Hace falta que ella escuche la música de la sinfónica.
5. es necesario que / Roberto / desempeñar bien su papel
   Es necesario que Roberto desempeñe bien su papel.

GRAMÁTICA 2

The past perfect

The **past perfect (pluscuamperfecto)** describes an action that took place before another action in the past. It is formed with the imperfect of **haber** plus a past participle, and is frequently used with **cuando, ya, aún no,** or **todavía no.**

Imperfect of **haber**		+	Past participle
había	habíamos		visto
habías	habíais	+	escuchado
había	habían		tenido

28 Escoge la oración en pluscuamperfecto que complete mejor cada una de las acciones en pasado.

__b__ 1. El profesor empezó a hablar cuando ____.

__a__ 2. ____ el examen cuando por fin llegó Micaela.

__c__ 3. ____ cuando llegué a clases.

__d__ 4. El día que presentamos el examen ____.

__e__ 5. ____ cuando terminaste de contestar todas las preguntas.

a. aún no había comenzado
b. los estudiantes se habían sentado en sus escritorios
c. todavía no había visto a Guillermo
d. habíamos estudiado mucho
e. ya se te había roto el lápiz tres veces

29 Completa las oraciones con el pluscuamperfecto de los verbos del cuadro según el contexto.

sentarse   tocar   terminar   leer   apagar   abrir

1. Las puertas del teatro ya __habían abierto__ cuando yo llegué.
2. La comedia comenzó cuando el público ya __se había sentado__ .
3. Los técnicos aún no __habían apagado__ las luces cuando mi amiga llegó.
4. Ellos todavía no __habían leído__ la reseña cuando empezó a tocar la orquesta.
5. Cuando se levantó el telón, la orquesta __había tocado__ durante media hora.
6. Aún no __había terminado__ la obra cuando el público empezó a aplaudir.

Nombre ______________________ Clase ______________ Fecha ____________

CAPÍTULO 6

¡Ponte al día!

VOCABULARIO 1

1 Escoge la palabra que corresponda a cada una de las siguientes definiciones.

c 1. Es algo en lo que no debes confiar.
a. imparcial **b.** detallado **c.** poco fiable

b 2. Un programa que te enseña e informa es:
a. de concursos. **b.** educativo. **c.** evidente.

a 3. Alguien que es fiable te:
a. inspira confianza. **b.** molesta. **c.** fascina.

c 4. Es cómo te ves a ti mismo.
a. pasar por alto **b.** tratar a fondo **c.** considerarse

b 5. Algo que provoca reacciones distintas en la gente es:
a. parcial. **b.** controvertido. **c.** fiable.

2 Lee las oraciones y decide si cada una es **cierta** (C) o **falsa** (F).

F 1. Las telenovelas son programas informativos.

F 2. Para estar informado hay que ver los concursos.

C 3. Los reporteros deben investigar las noticias a fondo.

F 4. Los buenos noticieros presentan reportajes superficiales.

C 5. Leer las noticias en línea es otra forma de mantenerse informado.

C 6. Los locutores imparciales inspiran confianza.

3 Escoge la palabra del cuadro que corresponda a cada definición.

a. imparcial
b. el documental
c. la emisora
d. la radio
e. el reportaje
f. el concurso

f 1. un programa en que varios participantes compiten por premios o dinero

b 2. un programa en que se tratan a fondo problemas de la vida real

e 3. una presentación sobre una noticia

c 4. una estación de televisión o radio

a 5. cuando algo se hace de manera justa y objetiva

d 6. un medio de comunicación en que solamente se escucha

VOCABULARIO 1

4 Completa la conversación con las palabras del cuadro.

no creo que	evidente que	bien informado
convencido	parece mentira que	no estoy seguro

Pablo ¿Viste el partido de fútbol ayer?

Juan Sí, el equipo nacional es pésimo. No saben jugar.

Pablo ¿Qué dices? Dudo que estés (1) **bien informado** ; perdieron porque Gabriel Rivas, el mejor jugador, estaba enfermo.

Juan Es (2) **evidente que** Rivas es bueno, pero si él no está, el equipo siempre pierde. (3) **No creo que** sea bueno que un equipo pierda por la falta de un solo jugador.

Pablo (4) **Parece mentira que** digas eso. Yo no estoy de acuerdo.

Juan Yo estoy (5) **convencido** de que necesitan otro entrenador.

Pablo (6) **No estoy seguro** de que tengas razón sobre eso. El entrenador Gómez hizo que el equipo ganara el campeonato el año pasado.

5 Tu amigo siempre quiere dar la imagen de que sabe todo y tú nunca estás de acuerdo con él. Escoge la declaración que mejor contradiga *(contradicts)* sus declaraciones.

a 1. Creo que la crisis económica terminará pronto.
- **a.** Dudo que estés bien informado sobre la crisis económica.
- **b.** Es evidente que tú estás al tanto de lo que pasa en el país.

a 2. Estoy seguro de que viviremos en la Luna muy pronto.
- **a.** Parece mentira que digas eso. No sabes de qué estás hablando.
- **b.** Estoy seguro de que tienes razón.

b 3. Estoy convencido de que los periodistas son poco fiables.
- **a.** Es evidente que no investigan los temas a fondo.
- **b.** No creo que los periodistas sean poco fiables.

b 4. Pienso que el problema ambiental no tiene solución.
- **a.** Estoy seguro de que tienes razón sobre el problema ambiental.
- **b.** Estoy convencido de que sí tiene solución.

Nombre ______________________ Clase ______________ Fecha ______________

VOCABULARIO 1

6 Expresa tu opinión de duda o de certeza sobre los siguientes temas. Escribe oraciones completas usando las expresiones de **¡Exprésate!** y las palabras dadas. **Answers will vary.**

1. las noticias locales / tratar los temas a fondo

____

2. las noticias en línea / inspirar confianza

____

3. tu emisora favorita / tener reportajes fiables

____

4. los concursos / ser educativos

____

5. las telenovelas / ser informativas

____

7 Reacciona a las siguientes declaraciones con tu propia opinión. Usa las expresiones de duda o de certeza presentadas en **¡Exprésate!** y sigue el modelo como guía. **Answers will vary. Sample answers provided.**

MODELO No se venderán las entradas del concierto.
No creo que estés bien informado; ya se vendieron todas las entradas.

1. Creo que las telenovelas son muy aburridas.
No creo que las telenovelas sean aburridas. Todo el mundo las ve.

2. Estoy convencido de que no hay una crisis económica en este país.
Parece mentira que digas que no hay una crisis económica en este país.

3. Es evidente que ese locutor es muy parcial.
No estoy segura de que tengas razón. El locutor es muy imparcial.

4. Me gusta ese programa de concursos; lo veo por televisión.
Dudo que sepas de qué hablas. Ese programa de concursos está en la radio, no en la televisión.

5. Es evidente que los hombres son mejores que las mujeres.
Parece mentira que digas que los hombres son mejores que las mujeres; ése es un estereotipo.

Nombre ______________________ Clase ______________ Fecha ______________

CAPÍTULO 6

¡Ponte al día!

GRAMÁTICA 1

Indicative after expressions of certainty

- An expression of certainty describes an event that in the speaker's mind is a fact: **claro que, estoy seguro(a) (de) que, es cierto que, me / te / le / nos / les parece que, no cabe duda que, es evidente que, es obvio que, por supuesto que, sin duda alguna, está claro que, estoy convencido(a) de que, todo el mundo sabe que.**
- **Expressions of certainty** in the main clause of a sentence require the use of the **indicative** mood in the subordinate clause:

  No cabe duda que nuestro equipo **es** el mejor.
  Por supuesto que te **ayudaré** a estudiar.

8 Completa las siguientes oraciones con la forma correcta del verbo que corresponda según el contexto.

haber	**tener**	**ir**	**afectar**	**ser**

1. Nos parece que tu investigación **es** un poco superficial.
2. Es evidente que la crisis ambiental nos **afecta** a todos.
3. Estoy segura de que **vas** a ver mi punto de vista.
4. Es obvio que no **tienes** toda la información.
5. Es cierto que **hay** muchas opiniones acerca del tema.

9 Expresa una opinión de certeza sobre los siguientes temas. Escribe oraciones completas usando las expresiones de **¡Exprésate!** y las palabras dadas.

1. (telenovela / controvertida) **Answers will vary. Sample answers provided.**
   No cabe duda que la telenovela es controvertida.
2. (concursos / imparciales)
   Todo el mundo sabe que los concursos son imparciales.
3. (programas de radio / interesantes)
   Estoy convencido de que los programas de radio son interesantes.
4. (película / aburrida)
   Nos parece que la película es aburrida.
5. (documental / educativo)
   Por supuesto que el documental es educativo.

GRAMÁTICA 1

Subjunctive after expressions of doubt and disbelief

- **Expressions of doubt and disbelief** in the main clause of a sentence require the use of the **subjunctive** mood in the subordinate clause:

  Dudo que su punto de vista **sea** imparcial.

- When the expression of doubt or disbelief refers to an event that has already happened, use the **present perfect subjunctive** in the subordinate clause.

  Es increíble que hayan pasado por alto esa noticia.

- Some expressions of doubt and disbelief: **dudar que, no es cierto que, no estar seguro(a) (de) que, es dudoso que, es increíble que, no está claro que, es imposible que, no puedo creer que, no creer que, parece mentira que.**

10 Completa las siguientes oraciones con el indicativo o el subjuntivo de los verbos en paréntesis según el contexto.

1. No puedo creer que la reportera de este canal (investigar) **investigue** las noticias a fondo.
2. Estoy segura de que ella siempre (equivocarse) **se equivoca** en algunos detalles.
3. Es obvio que no (saber) **sabe** mucho de economía.
4. Parece mentira que (hacer) **haga** reportajes tan poco detallados.
5. Todo el mundo sabe que ella (estar) **está** mal informada.

11 Reacciona a las siguientes declaraciones con una expresión de duda y el presente perfecto del subjuntivo. Sigue el modelo como guía. **Answers will vary. Sample answers provided.**

MODELO El documental fue muy educativo.
No es cierto que el documental haya sido muy educativo.

1. El reportaje sobre la política que hicieron en el periódico fue muy parcial.
   No creo que el reportaje sobre la política haya sido muy parcial.
2. Creo que presentaron un concurso poco fiable en la radio.
   No puedo creer que hayan presentado un concurso poco fiable en la radio.
3. Los reporteros de este canal investigaron temas muy superficiales.
   No es cierto que hayan investigado temas muy superficiales.
4. La nueva película de Almodóvar fue muy aburrida.
   Parece mentira que su nueva película haya sido aburrida.
5. La locutora pasó por alto muchos detalles importantes.
   Es imposible que haya pasado por alto muchos detalles importantes.

GRAMÁTICA 1

Uses of *haber*

- To express *there is* or *there are* in Spanish, use **hay.**

  Hay muchas telenovelas por la mañana.
- To express *there is* or *there are* in the subjunctive mood, use **haya.**

  No creo que **haya** buenos programas en ese canal.
- To express *there was* or *there were,* use the preterite (**hubo**) or imperfect (**había**).

  Hubo un concierto increíble. **Había** mucha gente esperando.

12 Escoge la forma correcta de **haber,** según el contexto.

1. Hoy en día, (hay / hubo) ____hay____ muchos canales de televisión; antes sólo (había / haya) ____había____ alguno que otro.
2. Abuela dice que (había / haya) ____había____ un programa que ella siempre veía en la televisión de niña. Dudo que (haya / hubo) ____haya____ programas parecidos ahora.
3. Estoy segura que (hay / haya) ____hay____ varios programas esta noche sobre la elección. No creo que (hay / haya) ____haya____ ningún programa imparcial.
4. (Hay / Haya) ____Hay____ un locutor que me gusta en este canal. El año pasado (había / hay) ____había____ uno mejor, pero él se jubiló.

13 Completa la conversación con la forma de **haber** que corresponda según el contexto.

— ¿Sabes cómo estuvo la fiesta que (1) ____hubo____ el sábado?

— Me imagino que estuvo buenísima, pero ya sabes, seguramente (2) ____hubo____ más de un problema.

— Sin duda alguna. Dicen que (3) ____había____ más de 200 estudiantes y siempre que se reúnen tantas personas, (4) ____hay____ problemas.

— ¿Qué tal estuvo la música?

— Dicen que (5) ____hubo____ una orquesta increíble. ¡Parece mentira!

— ¿Crees que va a (6) ____haber____ otra fiesta en el colegio pronto?

— ¡Por supuesto! Siempre (7) ____hay____ fiestas en el colegio, pero no creo que (8) ____haya____ otra fiesta con orquesta este año.

Nombre ______________________ Clase ______________ Fecha ____________

CAPÍTULO 6

¡Ponte al día!

VOCABULARIO 2

14 Decide qué sección del periódico está leyendo cada persona según sus comentarios.

__b__ 1. Leí la opinión del periódico sobre la crisis ambiental y no estoy de acuerdo.
a. los titulares **b.** los editoriales **c.** los obituarios

__b__ 2. ¿Viste el nuevo estilo de zapatos italianos?
a. la sección de cocina **b.** la sección de moda **c.** el enfoque mundial

__a__ 3. Te contaré todas las noticias más importantes.
a. la primera plana **b.** la sección financiera **c.** el enfoque local

__a__ 4. ¿Sabes lo que está pasando en España a causa de la tormenta?
a. el enfoque mundial **b.** los obituarios **c.** los anuncios clasificados

__c__ 5. Ay, qué triste. Se murió el señor Gómez.
a. los editoriales **b.** la primera plana **c.** los obituarios

15 Escribe la sección del periódico donde se podría ver las siguientes imágenes.

1. **las tiras cómicas** 2. **la sección deportiva** 3. **la sección de cocina** 4. **la sección de ocio**

16 Escoge la palabra que corresponda a cada definición.

__c__ 1. Cuando se prohibe que se hable o escriba sobre una noticia o un evento.

__b__ 2. Frase que da a conocer el contenido de una noticia.

__a__ 3. Sección donde se lee sobre la situación económica.

__d__ 4. Anuncio breve que utilizan las personas para ofrecer un servicio o vender algo.

a. financiera
b. titular
c. censura
d. clasificado

17 Combina las frases para explicar por qué leen las siguientes personas cierta sección del periódico.

__c__ **1.** Alicia lee los editoriales...

__d__ **2.** Carlos lee la sección financiera...

__e__ **3.** Lucía lee la sección de moda...

__b__ **4.** Yo leo la sección deportiva...

__a__ **5.** Los Ruiz leen la primera plana...

a. para estar informados sobre las últimas noticias.
b. para enterarme de los resultados de fútbol.
c. para conocer la opinión de otros sobre la situación política.
d. porque quiere saber cómo sigue la crisis económica.
e. para conocer nuevos estilos de ropa.

18 Decide qué palabra o frase no pertenece al grupo.

__c__ **1. a.** el artículo **b.** los editoriales **c.** el locutor

__c__ **2. a.** la sección de ocio **b.** las tiras cómicas **c.** los obituarios

__b__ **3. a.** el comentario **b.** el titular **c.** el editorial

__a__ **4. a.** la censura **b.** las tiras cómicas **c.** el anuncio clasificado

__c__ **5. a.** la sección de cocina **b.** la sección de moda **c.** las noticias en línea

19 Contesta las siguientes preguntas con la sección del periódico que corresponda según el contexto. **Answers may vary. Sample answers provided.**

MODELO ¿Cómo supiste que el equipo nacional ganó el partido?
Lo leí en la sección deportiva.

1. ¿Cómo te enteraste de que Ana y Pedro se comprometieron?
Lo leí en la sección de sociedad.

2. ¿Cómo te enteraste de que mi abuela se murió?
Estaba en los obituarios.

3. ¿Cómo supiste que habrá una exposición de pintura en el museo?
Lo leí en la sección de ocio.

4. ¿Cómo te enteraste de la caída en la bolsa de valores *(stock market)*?
Estaba en la sección financiera.

5. ¿Cómo sabes tanto de la situación política en Argentina?
Lo leí en el enfoque mundial.

VOCABULARIO 2

20 Laura dice que ha leído todas las secciones del periódico, pero no es la verdad. Mira lo que dice entre paréntesis para saber si ella sí leyó o no leyó la sección de que habla. Luego reacciona a sus declaraciones usando una expresión de certeza o de duda, según el modelo. **Answers will vary. Sample answers provided.**

MODELO No hay una crisis económica en nuestro país. (no)
Es imposible que hayas leído la sección financiera.

1. No hay apartamentos para rentar. (no)
   Dudo que hayas leído los anuncios clasificados.
2. Voy a comprar el nuevo vestido del diseñador francés. (sí)
   Estoy segura que has leído la sección de moda.
3. Los Delfines son el mejor equipo este año. (no)
   No creo que hayas leído la sección deportiva.
4. ¡Una mujer ganó las elecciones de presidente! (no)
   Es imposible que hayas leído el enfoque mundial.
5. El colegio de nuestro pueblo va a construir una piscina este año. (sí)
   Está claro que leíste el enfoque local.

21 Imagina que conversas con un amigo y él te pregunta sobre temas que tú no conoces. Contéstale, explicando que sabes poco o nada de ese tema.

1. ¿Qué piensas de la situación económica del país?
   ¿Qué sé yo de economía? No entiendo ni jota de eso.
2. ¿Crees que el presidente tomó una buena decisión sobre el comercio con otros países?
   Entiendo algo de política, pero nada de relaciones internacionales.
3. ¿Se venderán suficientes boletos para el concierto de la orquesta sinfónica?
   Que yo sepa, hay muchas personas que quieren asisitir.
4. ¿Crees que se resuelva la crisis ambiental?
   No tengo la menor idea si se resolverá la crisis ambiental.
5. ¿Sabes dónde será la exposición de fotografía?
   No sé nada de la exposición de fotografía.

Answers will vary. Sample answers provided.

¡Ponte al día!

Indefinite expressions

Affirmative: **algo, alguien, algún, alguno(a), algunos(as), también, siempre**
Negative: **nada, nadie, ningún, ninguno(a), ningunos(as), tampoco, nunca, jamás**

- **No** is frequently paired with a negative expression.

  No hay **nadie** en casa. **No** tengo **ninguna** sección del periódico.

- To express *either... or* and *neither... nor* you can use the words **o** and **ni.**

  Prefieres éste **o** aquél. No me gusta éste **ni** aquél.

- The indefinite adjectives and pronouns must agree with nouns in gender and number.

  Quiero decirte **algunas palabras.** No vi **ningún carro.**

22 Completa las oraciones con la palabra que corresponda, según el contexto.

1. No hay (nadie / alguien) **nadie** aquí. ¿De quién es este periódico?
2. No tengo (ninguna / ningún) **ninguna** idea.
3. No veo la sección de ocio (ni / jamás) **ni** la sección deportiva.
4. Los editoriales no están aquí (también / tampoco) **tampoco** .
5. Vamos a comprar otro. Quiero ver si hay (alguna / algún) **alguna** película buena hoy.

23 Cambia las siguientes oraciones afirmativas a oraciones negativas.

MODELO Alguien llamó por teléfono. **Nadie llamó por teléfono.**

1. Nosotros siempre leemos la primera plana.
   Nosotros nunca leemos la primera plana.
2. A mí también me gusta la sección deportiva.
   A mí tampoco me gusta la sección deportiva.
3. Algunas personas prefieren la sección financiera.
   Ninguna persona prefiere la sección financiera.
4. Necesito algo.
   No necesito nada.
5. Hay algunas personas que tienen mucho en común conmigo.
   No hay ninguna persona que tenga mucho en común conmigo.

GRAMÁTICA 2

Gender of nouns

General rules to determine **gender of nouns** that do not end in **-o** or **-a**:

Masculine
nouns ending in **-aje, -al, -és, -in, -ma; compound nouns**

Feminine
nouns ending in **-dad, -ión, -z, -is, -ie, -umbre**

- Nouns ending in **-l, -n,** and **-r** can be either masculine or feminine.
- Many nouns that refer to people have the same forms for masculine and feminine. Depending on the gender of the person, the article changes:

  Anita: **la modelo** David: **el modelo**
- A noun can have different meaning when the article changes:

  la orden: *command* **el orden**: *order, organization*
- When a feminine noun begins with a stressed **a-** or **ha-**, the singular will take the article **el;** in these cases the article does not indicate the gender of the noun.

  el agua **las aguas**

24 Escribe **femenino** o **masculino** junto a los siguientes sustantivos, según las reglas estudiadas. Si el sustantivo puede ser femenino o masculino escribe los dos géneros *(genders)*.

1. incertidumbre **femenino**
2. periodista **femenino, masculino**
3. serie **femenino**
4. mañana **femenino, masculino**
5. estudiante **femenino, masculino**
6. francés **masculino**
7. carnaval **masculino**
8. canción **femenino**
9. ciudad **femenino**
10. artista **femenino, masculino**
11. programa **masculino**
12. voz **femenino**

25 Completa las siguientes oraciones con el artículo masculino o femenino que corresponda, según el contexto.

MODELO El cura rezó por la cura de la enfermedad.

1. Por **la** mañana me puse a pensar en **el** mañana.
2. **La** orden que recibió la policía fue de imponer **el** orden.
3. Marie Curie descubrió **el** radio, pero **la** radio aún no existía.
4. En **la** capital está el banco en donde está **el** capital del país.
5. Cambié **el** canal de televisión para ver el documental sobre la contaminación de **la** canal.

GRAMÁTICA 2

Indicative in compound sentences

- A **compound sentence** is formed by two clauses, a main clause and a subordinate clause which frequently begins with **que.**
- Use the **subjunctive** in the subordinate clause if the main clause indicates doubt, denial, or uncertainty.
- Use the **indicative** in the subordinate clause if the main clause indicates certainty or truth.
- If the following verbs are used in the main clause, the verbs in the subordinate clause are typically conjugated in the indicative mood: **decir, informar, anunciar, afirmar, contar, enterarse.**

26 Completa las siguientes oraciones con el indicativo o el subjuntivo del verbo entre paréntesis según el contexto.

1. No creo que tú (haber estudiar) **hayas estudiado** para el examen.
2. Parece mentira que Ana (haber casarse) **se haya casado**.
3. El noticiero informó que el país (estar) **está** en una crisis económica.
4. La profesora duda que nosotros (estudiar) **estudiemos** lo suficiente.
5. Estoy convencido de que todos (deber) **debemos** estar más informados.

27 Combina las frases para formar oraciones.

MODELO mi hermano / creer que / los periodistas / ser poco fiables
Mi hermano cree que los periodistas son poco fiables.

1. el reportero / decir que / el presidente / viajar pronto
   El reportero dice que el presidente va a viajar pronto.
2. mis padres / querer que / yo / leer el periódico
   Mis padres quieren que yo lea el periódico.
3. las emisoras / preferir que / nosotros / escuchar los reportajes
   Las emisoras prefieren que nosotros escuchemos los reportajes.
4. la locutora / anunciar que / el director / cambiar el horario escolar
   La locutora anunció que el director va a cambiar el horario escolar.
5. tú / esperar que / la locutora / estar mal informada
   Tú esperas que la locutora esté mal informada.

Answers will vary. Sample answers provided.

Mis aspiraciones

VOCABULARIO 1

1 Escoge la palabra que corresponda a cada una de las siguientes definiciones.

a. el origen
b. los antepasados
c. el orgullo
d. el sacrificio
e. el aporte
f. la herencia

f 1. Son las características que nos transmiten nuestros padres.

e 2. Es una contribución.

b 3. Son nuestros familiares que vivieron hace mucho tiempo.

a 4. Es de dónde venimos.

c 5. Es sentirse muy contento con uno mismo.

d 6. Es renunciar a algo importante para lograr una meta.

2 Lee las oraciones y decide si cada una es **cierta (C)** o **falsa (F)**.

C 1. Las personas se sienten orgullosas de sí mismas cuando alcanzan sus sueños.

F 2. Sólo se puede encajar en el lugar en donde uno se crió.

C 3. El lugar de origen es donde una persona nace.

F 4. A alguien que no está orgulloso de su herencia, le gusta mantener las tradiciones de su grupo étnico.

F 5. Es correcto discriminar a las personas por su ascendencia.

3 Completa el siguiente párrafo con las palabras del cuadro.

no encajaba	**orgulloso**	**sacrificios**	**ascendencia**	**compromiso**
tradiciones	**apoyo**	**origen**	**asimilado**	**agradecido**

Pude mudarme a otra ciudad para ir a la universidad gracias al (1) apoyo de mis padres. Ellos hicieron muchos (2) sacrificios para darme esta oportunidad. Por eso, aunque sentía que (3) no encajaba en ningún grupo, hice un esfuerzo por mostrarles a mis compañeros mi forma de ser y mis (4) tradiciones. Ahora, creo que he (5) asimilado el estilo de vida del lugar donde vivo. Me siento (6) orgulloso de mi (7) ascendencia y de mi país de (8) origen. Quiero aprobar todos mis cursos para demostrarles a mis padres que me siento muy (9) agradecido y que sé que tengo un (10) compromiso importante con ellos.

VOCABULARIO 1

4 Completa cada oración con la frase que corresponda según el contexto.

__d__ **1.** Nos costó trabajo acostumbrarnos a...

__a__ **2.** Tuve que hacer un gran esfuerzo para...

__e__ **3.** Había muchos desafíos para nosotros en...

__c__ **4.** Poco a poco, mis papás se adaptaron al...

__b__ **5.** Mis abuelos enfrentaron obstáculos cuando...

a. encajar en mi grupo.
b. emigraron a este país.
c. nuevo estilo de vida.
d. las tradiciones de esta región.
e. hablar un idioma diferente al nuestro.

5 Escribe oraciones sobre los retos que tuvieron los conquistadores al llegar a América. Usa la información dada y las expresiones de **¡Exprésate!** Sigue el modelo como guía. **Answers will vary. Sample answers provided.**

MODELO el viaje en barco desde Europa
Encontraron muchos desafíos en el viaje en barco desde Europa.

1. llegar a América
Enfrentaron obstáculos cuando llegaron a América.

2. los nuevos tipos de comida
Poco a poco se adaptaron a los nuevos tipos de comida.

3. cruzar los bosques y escalar las montañas
Había muchos desafíos cuando cruzaban los bosques y escalaban las montañas.

4. acostumbrarse al clima de América
Hicieron un gran esfuerzo por acostumbrarse al clima de América.

5. sobrevivir porque haber muchas enfermedades
Les costó mucho trabajo sobrevivir porque había muchas enfermedades.

Nombre ______________________ Clase ______________ Fecha ____________

VOCABULARIO 1

Answers will vary. Sample answers provided.

6 Contesta las siguientes preguntas con la información del cuadro.

Sr. Gutiérrez:	adaptarse a su nuevo trabajo
Eduardo:	criarse en otro país
Los padres de mis abuelos:	emigrar a los Estados Unidos
Saúl y Julia:	asimilar un nuevo estilo de vida
Nosotros:	aprovechar las nuevas oportunidades

1. ¿Para qué tuvieron que hacer un gran esfuerzo Saúl y Julia?
   Saúl y Julia tuvieron que hacer un gran esfuerzo para asimilar un nuevo estilo de vida.
2. ¿A qué obstáculo se enfrentó Eduardo?
   Eduardo se enfrentó al obstáculo de criarse en otro país.
3. ¿Qué nos costó mucho trabajo?
   Nos costó mucho trabajo aprovechar las nuevas oportunidades.
4. ¿Cuándo encontraron muchos desafíos los padres de mis abuelos?
   Los padres de mis abuelos encontraron muchos desafíos cuando emigraron a los Estados Unidos.
5. ¿A qué se adaptó poco a poco el Sr. Gutiérrez?
   El Sr. Gutiérrez se adaptó poco a poco a su nuevo trabajo.

7 Imagina que eres un(a) explorador(a) y que has encontrado una nueva isla. Usa tu imaginación y contesta las siguientes preguntas. **Answers will vary. Sample answers provided.**

1. ¿Qué obstáculos enfrentaste al llegar a la isla?
   Enfrenté obstáculos como acostumbrarme al clima.
2. ¿Cómo pudiste asimilar el estilo de vida de los nativos?
   Poco a poco lo asimilé observándolos y respetando sus tradiciones.
3. ¿Cómo lograste encontrar alimento?
   Caminé mucho hasta que por fin encontré árboles frutales.
4. ¿Cómo lograste comunicarte con los nativos?
   Trabajé duro escuchándolos y por eso logré comunicarme con ellos.

Mis aspiraciones

Verbs that change meaning in the preterite and imperfect

The following verbs change meaning in the **preterite** and **imperfect:**

	Preterite	Imperfect
estar	was there for a defined period	was there for an unspecified period
poder	was able to	could (possibly)
tener	had, received	had (in one's possession)
tener que	had to (and did)	had to (but did not necessarily do it)

8 Escoge el tiempo del verbo en paréntesis que corresponda según el contexto.

1. Te cuento que mi prima Claudia (tenía / tuvo) **tuvo** un bebé.
2. (Teníamos / Tuvimos) **Teníamos** que ir hoy a su casa a ayudarla, pero no funcionaba el carro.
3. No (podía / pude) **pude** encenderlo y Papá dijo que (podía / pudo) **podía** ser la batería.
4. Por fin llegué y ella todavía (estaba / estuvo) **estaba** allí esperándome.

9 Combina las frases dadas y tus propias ideas y forma oraciones completas. Usa el pretérito o el imperfecto de los verbos según corresponda y sigue el modelo como guía. **Answers will vary. Sample answers provided.**

MODELO mis antepasados / llegar a este país / tener que...
Cuando mis antepasados llegaron a este país, tuvieron que enfrentar muchos desafíos.

1. ellos querer tener éxito / costar trabajo / adaptarse a...
   Ellos querían tener éxito, pero les costó trabajo adaptarse a las nuevas costumbres.
2. ellos no hablar el idioma / no conocer a nadie / sentirse...
   Ellos no hablaban el idioma, no conocían a nadie y se sentían discriminados.
3. con el tiempo / ellos poder expresarse / hacer amigos / sentirse orgullosos...
   Con el tiempo, ellos pudieron expresarse, hicieron amigos y se sintieron orgullosos de su contribución.

Nombre ____________________ Clase ____________ Fecha ____________

CAPÍTULO 7

GRAMÁTICA 1

Grammatical reflexives

- A verb used reflexively expresses an action directed back on the subject and takes a **reflexive pronoun:** **me** baño **te** peinas **se** viste
- Verbs that take a reflexive pronoun even though their action is not directed back on the subject are known as grammatical reflexives, and often express a process or change in state: **me** burlo **te** casaste **nos** graduamos

10 Separa los verbos reflexivos de los reflexivos gramaticales.

peinarse	**vestirse**	**ducharse**	**quejarse**	**graduarse**
casarse	**criarse**	**burlarse**	**bañarse**	**lavarse**

reflexivos	reflexivos gramaticales
peinarse	burlarse
vestirse	casarse
bañarse	criarse
lavarse	quejarse
ducharse	graduarse

11 Completa las siguientes oraciones con la forma correcta del verbo en paréntesis.

MODELO Yo (esforzarse) **me esforcé** mucho en el colegio este año.

1. Esta mañana nosotros (levantarse) **nos levantamos** temprano y (desayunar) **desayunamos** juntos.
2. Yo (bañarse) **me bañé** mientras mi hermano (lavarse) **se lavaba** los dientes.
3. Mi mamá (vestirse) **se vistió** con su mejor vestido y todos (ir) **fuimos** a la graduación.
4. Cuando (graduarse) **me gradué**, les (agradecer) **agradecí** a mis padres sus sacrificios.
5. Yo no sé (expresarse) **expresarme** muy bien, pero les (decir) **dije** que no pude haberlo hecho sin su apoyo.

GRAMÁTICA 1

Lo and *lo que*

- **Lo + adjective** expresses an abstract idea *(the thing):*

  Lo triste es que todavía existe la discriminación.
  The sad thing is that discrimination still exists.
- **Lo que + verb** also expresses an abstract idea *(the thing that):*

  Lo que me molesta es que las personas tengan prejuicios.
  The thing that bothers me is that people have prejudices.

12 Completa las oraciones con **lo** o **lo que.**

1. **Lo que** escuché fue que los grupos étnicos sufren mucha discriminación.
2. **Lo** malo de la discriminación es que hiere a las personas.
3. Creo que **lo que** tenemos que hacer es informar a la gente para combatir la ignorancia.
4. **Lo** más importante es tratar de quitar los prejuicios y los estereotipos.
5. **Lo que** sugirió Mónica es que hagamos una feria cultural para mostrar las tradiciones de los diferentes grupos étnicos.

13 Contesta las siguientes preguntas sobre tus gustos personales en oraciones completas. **Answers will vary. Sample answers provided.**

1. ¿Qué es lo que más te motiva?
   Lo que más me motiva es tratar de alcanzar mis metas.
2. ¿Qué es lo más emocionante que te ha pasado?
   Lo más emocionante que me ha pasado fue viajar a otro continente.
3. ¿Qué es lo bueno de hablar dos idiomas?
   Lo bueno de hablar dos idiomas es que puedes hablar con más gente.
4. ¿Qué es lo que te hace sentir más orgulloso(a)?
   Lo que me hace sentir más orgulloso(a) es mi herencia.
5. ¿Qué es lo que más les agradeces a tus padres?
   Lo que más les agradezco a mis padres es el sacrificio que han hecho por mí.

Mis aspiraciones

14 Ordena las letras de las siguientes palabras basándote en las pistas.

Pista	Letras	Palabra
1. Tener éxito.	rufriant	**triunfar**
2. Lo que queremos lograr.	atem	**meta**
3. Dar el primer paso.	amort al iavnticiai	**tomar la iniciativa**
4. Asimilar algo.	basteracusomr	**acostumbrarse**
5. Insistir en algo sin darse por vencido.	ñemaesepr	**empeñarse**

15 Escoge la palabra que corresponda a cada definición.

a 1. No quedarse en el pasado.
a. seguir adelante **b.** darse por vencido **c.** empeñarse

c 2. Son las metas que queremos lograr.
a. las costumbres **b.** los sacrificios **c.** los objetivos

b 3. Centrarse en un solo objetivo.
a. agradecer a **b.** enfocarse en **c.** luchar por

b 4. Es dejar de luchar.
a. lograr **b.** darse por vencido **c.** seguir adelante

a 5. Vivir en un lugar fijo.
a. establecerse en **b.** alcanzar **c.** sacrificar

16 Combina las frases y forma oraciones sobre tus planes para el futuro.

d 1. Para tener éxito, es necesario...
e 2. Sueño con ser...
b 3. Mis padres luchan para que...
a 4. Nuestra aspiración es...
c 5. Estoy seguro que si nos empeñamos...

a. establecernos como abogados.
b. yo pueda alcanzar mis metas.
c. lograremos nuestros objetivos.
d. seguir adelante y no darse por vencido.
e. periodista y escribir para un periódico.

VOCABULARIO 2

17 Escribe la letra de la palabra que no corresponda al grupo.

c	**1. a.** empeñarse	**b.** esforzarse	**c.** darse por vencido
a	**2. a.** los desafíos	**b.** los objetivos	**c.** las metas
b	**3. a.** realizar	**b.** establecerse	**c.** lograr
c	**4. a.** las aspiraciones	**b.** los sueños	**c.** las tradiciones
a	**5. a.** luchar	**b.** triunfar	**c.** tener éxito
a	**6. a.** asimilar	**b.** seguir adelante	**c.** no darse por vencido
c	**7. a.** contribuir	**b.** hacer un aporte	**c.** tomar la iniciativa
c	**8. a.** adaptarse	**b.** acostumbrarse	**c.** empeñarse

18 Completa la conversación entre Jorge y Marcos con las frases del cuadro.

cuando sea mayor	**tengo la intención**	**antes de que empiecen**
tan pronto como	**cuando cumpla**	**me gustaría**

Jorge ¿Ya tienes planes para las vacaciones?

Marcos Claro, (1) antes de que empiecen las clases quiero ir a la costa con mis padres. ¿Y tú?

Jorge Yo no puedo viajar. Tengo que estudiar para mi examen de admisión a la universidad. Tú sabes que (2) tengo la intención de estudiar cálculo y ser profesor universitario.

Marcos A mí (3) me gustaría ser abogado, aunque todavía me faltan algunos años. Pero (4) cuando sea mayor ingresaré a la escuela de leyes.

Jorge ¿Y en tu vida personal, cuáles son tus planes?

Marcos (5) Tan pronto como pueda, me gustaría ayudar a los grupos étnicos del país para que no los discriminen tanto. Además, (6) cuando cumpla los treinta años, me gustaría casarme y empezar una familia.

VOCABULARIO 2

19 Basándote en los dibujos, describe lo que cada persona diría sobre sus planes para el futuro. **Answers will vary. Sample answers provided.**

1.

2.

3.

4.

1. **Cuando sea mayor, me gustaría ser médica.**
2. **Tengo la intención de viajar a España.**
3. **Tan pronto como terminen las clases, pienso ir a la playa.**
4. **Voy a la universidad con la intención de estudiar el arte y ser artista.**

20 Según los comentarios, escribe una oración que exprese causa y efecto usando las expresiones de **¡Exprésate! Answers will vary. Sample answers provided.**

MODELO Desde niña, Luisa se ha entrenado para ser futbolista. Ahora es una futbolista famosa.
Su éxito en el fútbol se debe mucho a su entrenamiento.

1. Nora siempre se ha esforzado mucho. Es la primera en su clase.
   Nora ha hecho muchos esfuerzos, así que es la primera en su clase.
2. Inés y Pedro se pelearon. Inés decidió hablar con él e hicieron las paces.
   Se comunicaron; por consiguiente resolvieron el conflicto.
3. Eduardo quería ser presidente de la clase. Tuvo la oportunidad, pero no tomó la iniciativa y se lo dieron a Manuel.
   No tomó la iniciativa, así que perdió la oportunidad de ser presidente.
4. Maritza habla cinco idiomas. Tiene muchísimas ofertas de trabajo.
   Maritza habla muchos idiomas; por lo tanto tiene muchas ofertas de trabajo.

Mis aspiraciones

GRAMÁTICA 2

Subjunctive after adverbial conjunctions

After the following expressions, called **adverbial conjunctions,** the subjunctive is always used:

a menos (de) que	**A menos que aprobemos** el curso, no iremos a la fiesta.
antes de que	Hay que limpiar la habitación **antes de que llegue** mamá.
con tal (de) que	Estoy dispuesto a pagarte **con tal de que me ayudes.**
en caso de que	**En caso de que esté** enfermo, iré al hospital.
para que	**Para que logremos** nuestras metas, tenemos que esforzarnos.
sin que	**Sin que practiques,** es imposible que seas un buen músico.

21 Completa las oraciones con el subjuntivo del verbo que corresponda según el contexto.

querer llegar venir pasar ayudar

1. Con tal de que tú **vengas** a mi fiesta, invitaré a tu amigo.
2. Antes de que **pase** por ti, tengo que pasar por Ana.
3. En caso de que (yo) **llegue** tarde, llámame al celular.
4. A menos que **quieras** venir más tarde, te busco después de las siete.
5. No será un éxito sin que tú me **ayudes** a preparar la comida.

22 Yolanda está hablando de sus planes para el fin de semana. Completa sus oraciones. **Answers will vary. Sample answers provided.**

MODELO Tengo la intención de salir este fin de semana sin que **nadie me diga que no.**

1. Voy a hacer senderismo con Maribel el sábado a menos de que...
   ella tenga que cuidar a su hermano.
2. Quiero salir temprano y regresar antes de que...
   llegue la noche.
3. Le dije a mi hermanito que puede ir con nosotras con tal de que...
   no haga tonterías.
4. Tengo otras actividades que puedo hacer el sábado en caso de que...
   Maribel no pueda hacer senderismo conmigo.

GRAMÁTICA 2

Subjunctive with future actions

- Conjunctions that express time:

  cuando, después de que, en cuanto, hasta que, tan pronto como

- The subjunctive must be used with a conjunction that expresses time when the verb refers to an action that has not happened yet.

  Después de que nos graduemos, nos estableceremos como abogados.

- You may use the indicative with conjunctions that express time if you are talking about habitual or past actions.

23 Completa las oraciones con la forma del verbo que corresponda según el contexto.

viajar	haber	graduarse	terminar	encontrar	tener

MODELO Tan pronto como yo **me gradúe** del colegio, iré a la universidad.

1. En cuanto yo **termine** la universidad, buscaré trabajo.
2. Montaremos un negocio cuando **encontremos** el lugar perfecto.
3. No nos daremos por vencidos hasta que **hayamos** hecho todo lo posible.
4. Tan pronto como nosotros **tengamos** dinero, viajaremos por el mundo.
5. Después de que tú **viajes**, comprarás una casa.

24 Completa las siguientes oraciones según tus planes personales.

Answers will vary. Sample answers provided.

MODELO En cuanto salga de clases, **iré a comer.**

1. Tan pronto como termine mi curso de español...
   viajaré a Latinoamérica.
2. En cuanto salgamos de vacaciones...
   iré a la costa.
3. Cuando tenga treinta años...
   tendré hijos.
4. Hasta que tenga dinero...
   no montaré un negocio.
5. Después de que logre mis metas...
   me pondré nuevas metas.

GRAMÁTICA 2

Indicative with habitual or past actions

- When referring to a habitual action using conjunctions such as **en cuanto, cuando, después de que, hasta que,** and **tan pronto como,** use the **indicative.**

  No dejo de comer **hasta que me siento** satisfecho.

- Also use the indicative when you are describing completed actions in the past.

  Cuando supimos que estaba enfermo, fuimos a visitarlo.

- The difference between the use of indicative and subjunctive with adverbial conjunctions of time is that the indicative describes completed actions in the past, while the subjunctive describes an action that has not yet happened.

  Después de que **vimos** la película, fuimos a cenar.
  En cuanto **veamos** la película, iremos a cenar.

25 Lee las oraciones y decide si cada una describe una acción **a**) pasada, **b**) habitual o **c**) futura.

MODELO __a__ Después de que llegué a este país, aprendí a expresarme en inglés.

__b__ **1.** Después de que llegaba a casa, siempre estudiaba el inglés.

__a__ **2.** No me di por vencido hasta que pude comunicarme bien.

__b__ **3.** Ahora me siento muy cómodo cuando tengo que hablar con la gente.

__c__ **4.** Pienso estudiar otro idioma en cuanto termine el colegio.

__c__ **5.** Voy a buscar trabajo en negocios internacionales tan pronto como me gradúe de la universidad.

26 Completa las oraciones con la forma correcta del verbo en paréntesis según el contexto.

1. No seremos felices hasta que (lograr) __logremos__ nuestros objetivos.

2. De joven, yo siempre luchaba hasta que (triunfar) __triunfé__ .

3. En cuanto (conseguir) __consiga__ dinero suficiente, montaré mi propio negocio.

4. Me enfoqué en el estudio de los negocios después de que (graduarse) __me gradué__ del colegio.

5. Cuando (tener) __tenga__ más éxito, buscaré más empleados.

Nombre ______________________ Clase ______________ Fecha ______________

CAPÍTULO

¿A qué te dedicas?

VOCABULARIO 1

1 Escoge la palabra que corresponda a cada una de las siguientes definiciones.

__c__ **1.** Es alguien que es capaz de hacer bien su trabajo.
a. voluntario **b.** incompetente **c.** competente

__b__ **2.** Cuando dos cosas se hacen al mismo tiempo, se hacen:
a. en un santiamén **b.** a la vez **c.** enseguida

__a__ **3.** Inmediatamente después.
a. enseguida **b.** a la vez **c.** hoy en día

__b__ **4.** Alguien que contribuye con su tiempo y su trabajo sin esperar nada a cambio.
a. un auxiliar **b.** un voluntario **c.** un reportero

__c__ **5.** En estos tiempos.
a. enseguida **b.** en un santiamén **c.** hoy en día

2 Escoge la palabra o la frase que complete mejor las oraciones.

MODELO Fui a ver al doctor y su auxiliar (administrativo / médico) **médico** me atendió.

1. Mi mamá me dice que no es bueno hacer dos cosas (a la vez / enseguida) __**a la vez**__; o veo televisión o estudio.
2. Me gusta ser voluntario. Para ayudar a las personas no lo pienso dos veces, lo hago (en un santiamén / a la vez) __**en un santiamén**__.
3. Tengo talento para la tecnología; soy (competente / capaz) __**capaz**__ de construir un robot.
4. El álgebra (está a mi alcance / me es difícil) __**me es difícil**__ porque no soy buena para las matemáticas.
5. Hacer caso a rumores y prejuicios sólo (empeora / cuesta trabajo) __**empeora**__ nuestra sociedad.

VOCABULARIO 1

3 Contesta las siguientes preguntas con oraciones completas usando la información dada.

Ricardo	Pablo
Tiene talento para los deportes.	Es muy solitario.
No le va bien en el colegio.	No es atlético.
Es muy abierto.	Tiene talento para la tecnología.

1. ¿Es capaz Pablo de crear adelantos tecnológicos?
   Sí, Pablo es capaz de crear adelantos tecnológicos.
2. ¿Le resulta fácil o difícil aprobar sus cursos a Ricardo?
   A Ricardo le resulta difícil aprobar sus cursos.
3. ¿Puede hacer Pablo amigos fácilmente?
   No, Pablo no puede hacer amigos fácilmente.
4. ¿Le cuesta trabajo a Pablo practicar un deporte?
   Sí, a Pablo le cuesta trabajo practicar un deporte.
5. ¿Le es difícil a Ricardo hacer amigos?
   No, a Ricardo no le es difícil hacer amigos.

4 Completa las siguientes oraciones con tus propias ideas. **Answers will vary. Sample answers provided.**

1. El diseño de páginas Web (no) me es fácil porque...
   soy muy malo para las computadoras.
2. Soy capaz de...
   trabajar como voluntario.
3. Está a nuestro alcance...
   asistir a la universidad.
4. Me cuesta trabajo...
   tomar apuntes en clase.
5. Ustedes pueden...
   alcanzar sus metas.

VOCABULARIO 1

5 Completa los siguientes comentarios de varias personas sobre los adelantos tecnológicos que entienden y los que no entienden. Usa las frases del cuadro.

no logro entender	**cabe en la cabeza**	**capto la idea**
más claro	**soy capaz de**	

1. Tengo talento para la tecnología y **soy capaz de** diseñar páginas Web.
2. Decidí tomar clases particulares sobre cómo usar Internet porque **no logro entender** cómo hacerlo.
3. No me **cabe en la cabeza** cómo se hacían copias antes de que existieran las fotocopiadoras.
4. Al principio no sabía cómo usar mi agenda electrónica, pero por fin **capto la idea** .
5. Antes de tomar el curso de computación no entendía el concepto de correo electrónico, pero está **más claro** ahora.

6 Di si puedes o no hacer cada actividad. Usa las expresiones de **¡Exprésate!** y el modelo como guía. **Answers will vary. Sample answers provided.**

MODELO (tocar un instrumento musical)
Tocar un instrumento musical me resulta fácil.

1. (estar informado)
   Me cuesta trabajo estar informado.
2. (alcanzar mis objetivos)
   Soy capaz de alcanzar mis objetivos.
3. (aprender un nuevo idioma)
   Me resulta fácil aprender un nuevo idioma.
4. (acostumbrarse a un nuevo estilo de vida)
   Soy capaz de acostumbrarme a un nuevo estilo de vida.
5. (viajar al extranjero)
   Viajar al extranjero está fuera de mi alcance.

Nombre ______________________ Clase ______________ Fecha ____________

CAPÍTULO 8

¿A qué te dedicas?

GRAMÁTICA 1

Verbs with indirect object pronouns

- With some verbs, to indicate *to whom* or *for whom* an action occurs, you must use an **indirect object pronoun:**

  ¿**Te** gusta tu agenda electrónica?
  A nosotros **nos** cuesta trabajo usarla.

- Some verbs often used with indirect pronouns are: **molestar, resultar, caber, poner, ser, costar.**
- The verb must be in the third person singular if the subject is an infinitive.

  Diseñar páginas Web me **resulta** fácil.

7 Completa las siguientes oraciones con el pronombre de complemento indirecto que corresponda.

MODELO A ella (les / le) **le** puso muy triste saber que creíste los rumores.

1. A mí (me / te) **me** es difícil darte una segunda oportunidad, pero lo intentaré.
2. A algunas personas (les / nos) **les** toma mucho tiempo decidirse a hacer las paces.
3. Yo sé que a ti (te / le) **te** resulta difícil expresarte.
4. A mis amigos y a mí (me / nos) **nos** molesta la falta de comunicación que hay entre nosotros.
5. A tu hermana (te / le) **le** cuesta mucho trabajo pedir perdón, pero tú sueles admitir tus errores.

8 Combina las frases para formar oraciones. Usa los pronombres de complemento indirecto que correspondan.

1. a ti / ser complicado / usar el teléfono celular
   A ti te es complicado usar el teléfono celular.
2. a mis amigos y a mí / resultar fácil / usar la computadora
   A mis amigos y a mí nos resulta fácil usar la computadora.
3. a mi abuelo / costar trabajo / entender las nuevas tecnologías
   A mi abuelo le cuesta trabajo entender las nuevas tecnologías.
4. a mí / (no) importar / tener mucho trabajo
   A mí no me importa tener mucho trabajo.

GRAMÁTICA 1

Verbs that express "to become"

hacerse + adjective or noun: **Álvaro se hizo médico.**	Describes a change where a personal effort is involved.
ponerse + adjective: **Mamá se puso feliz al verme.**	Describes a change in physical or mental state.
volverse + adjective: **Ana se volvió fanática del atletismo.**	Can describe a complete or permanent change.
convertirse en + noun: **La llovizna se convirtió en tormenta.**	Expresses *to change into, to turn into.*
quedarse + adjective: **Carlos se quedó calvo al cumplir los cuarenta años.**	For some idiomatic expressions and with certain adjectives such as **ciego**(**a**), **sordo**(**a**), and **calvo**(**a**).
llegar a ser + adjective or noun: **Llegué a ser actriz.**	Expresses *to become, to get to be* after a series of events or after a long time.

9 Completa cada oración con uno de los verbos presentados en el cuadro anterior.

1. Después de una enfermedad, Helen Keller **se quedó** sorda y ciega.
2. Sus padres **se pusieron** muy tristes cuando supieron lo que había pasado.
3. Más adelante, ella **se convirtió** en una persona muy famosa.
4. Helen trabajó mucho, y **llegó a ser** la primera persona ciega y sorda en graduarse de la universidad.
5. Luego, Helen **se hizo** oradora pública y viajó por todo el mundo.

10 Combina las frases y forma oraciones usando los verbos presentados en el cuadro de arriba.

1. ustedes / profesores / en la universidad del estado
   Ustedes se hicieron profesores en la universidad del estado.
2. el profesor Gómez / insoportable / después de ganar el premio
   El profesor Gómez se puso insoportable después de ganar el premio.
3. el director de la universidad / calvo / el año pasado
   El director de la universidad se quedó calvo el año pasado.
4. yo / triste / cuando él se jubiló
   Me puse triste cuando él se jubiló.

GRAMÁTICA 1

Uses of *se*

a. with verbs that are used reflexively:	**Se** bañó. **Se** peinó.
b. to indicate unintentional events:	**Se** le rompió el vaso. **Se** me olvidó la tarea.
c. to replace **le** or **les** before the direct object pronouns: **lo, los, la, las:**	**Le** di el regalo a mamá. **Se** lo di.
d. in impersonal sentences:	**Se** vende. **Se** habla español.
e. to express the passive voice:	**Se** hicieron cambios en el horario. **Se** escuchaba mucho ruido en el pasillo.
f. with certain "process" verbs:	**Se** volvió loco. **Se** hizo profesor.

11 Mira el cuadro de arriba y escoge el uso de **se** que corresponda a cada una de las siguientes oraciones. Sigue la primera oración como guía.

d 1. Se necesita un auxiliar administrativo.
f 2. Se hizo médico.
b 3. Se le cayó la agenda electrónica y se le rompió.
e 4. Se construyó un hospital nuevo.
a 5. Se lavó las manos antes de examinar al paciente.
c 6. El hombre pidió una entrevista, pero no se la dieron.

12 Describe cada dibujo en una oración con **se**.

Answers will vary. Sample answers provided.

1. 
2. 
3. 

1. **Se le cayeron los platos.**
2. **Se prohibe comer.**
3. **Se cepilla los dientes.**

Nombre ______________________ Clase ______________ Fecha ____________

¿A qué te dedicas?

13 Lee las oraciones y decide si cada una es **cierta** (C) o **falsa** (F).

C 1. Ser voluntario es donar tiempo a una causa.

C 2. El jefe es la persona con el puesto más alto de una compañía.

F 3. Al supervisor de una obra en construcción no le interesa que el ambiente de trabajo sea seguro para los trabajadores.

C 4. El seguro médico es un beneficio del trabajador.

F 5. El horario para un empleo de tiempo completo es de veinte horas a la semana.

14 Escoge la palabra que corresponda a cada una de las siguientes definiciones.

a 1. Son las personas que trabajan contigo en el mismo puesto.
a. tus compañeros **b.** tus jefes **c.** tus asistentes

c 2. Son las características que se espera que cumplan las personas que solicitan un puesto.
a. los beneficios **b.** los horarios **c.** los requisitos

b 3. Es la persona que administra una empresa y sus empleados.
a. el empleado **b.** el gerente **c.** el entrevistado

c 4. Es indicar la forma de hacer algo.
a. solicitar **b.** conseguir **c.** dirigir

a 5. Es pedir empleo.
a. solicitar **b.** actualizar **c.** conseguir

15 Empareja las definiciones con las palabras del cuadro.

el horario	el salario	la solicitud	los beneficios	el currículum vitae

el salario 1. El dinero que recibes por tu trabajo.

el currículum vitae 2. La historia de trabajo de una persona.

los beneficios 3. Lo que se recibe además del salario por el trabajo realizado.

el horario 4. Las horas en las que se debe trabajar.

la solicitud 5. Forma que se debe llenar por escrito, cuando se solicita trabajo.

16 Completa la carta con las palabras del cuadro.

dirigido	adjunto	cordial	ambiente	estimado	gerente	medio

Muy **estimado** Sr. Valenzuela:

Por **medio** de la presente, quisiera solicitar el puesto de **gerente** de su empresa. Tengo mucha experiencia supervisando a los empleados de varias compañías y he **dirigido** muchos proyectos. Siempre me comunico bien con los empleados y aseguro un buen **ambiente** de trabajo para todos. Le **adjunto** mi currículum vitae. Le agradecería la oportunidad de una entrevista el día que le convenga. Reciba un **cordial** saludo,

José Luis López

17 Escoge la frase que corresponda a cada parte de una carta formal.

a 1. Parte en la que se indica la razón de la carta.
- **a.** Por medio de la presente,
- **b.** Muy estimada Sra.:
- **c.** Muy atentamente,

c 2. Una frase que se usa al final de la carta antes de la firma.
- **a.** Le(s) adjunto...
- **b.** Por medio de la presente,
- **c.** Muy atentamente,

c 3. Donde se indica que además de la carta, se envía algo más.
- **a.** Muy atentamente,
- **b.** Muy estimado Sr.:
- **c.** Le(s) adjunto...

b 4. El deseo con el que se termina la carta.
- **a.** Le(s) adjunto...
- **b.** Reciba un cordial saludo,
- **c.** Por medio de la presente,

a 5. Es hacia quién se dirige la carta.
- **a.** Muy estimada Srta.:
- **b.** Le(s) adjunto...
- **c.** Reciba un cordial saludo,

VOCABULARIO 2

18 Ordena las partes de la siguiente carta.

5 a. Muy atentamente,

2 b. Por medio de la presente, me permito solicitar un puesto en su empresa.

6 c. Alicia Vera

4 d. Reciba un cordial saludo.

1 e. Muy estimado Sr. López:

3 f. Le adjunto una copia de mi currículum vitae actualizado.

19 Contesta las siguientes preguntas según la información en paréntesis.

MODELO ¿Qué le gustaría hacer a Rodrigo? (trabajo voluntario)
A Rodrigo le gustaría dedicarse al trabajo voluntario.

1. Si tuvieras la oportunidad, ¿adónde irías? (a México para estudiar español)
Si pudiera, iría a México para estudiar español.

2. ¿Qué le gustaría hacer a tu padre sobre su carrera? (cambiar de carrera)
A mi padre le gustaría cambiar de carrera.

3. ¿A qué tipo de persona contrataría la gerente? (con experiencia)
La gerente contrataría a una persona con experiencia.

4. ¿Cómo solicitarías empleo? (llenar solicitud y entregar currículum vitae)
Llenaría una solicitud y entregaría un currículum vitae.

5. ¿Cómo supervisaríamos a nuestros empleados? (preguntarles sobre su ambiente de trabajo)
Les preguntaríamos sobre su ambiente de trabajo.

6. ¿Qué te gustaría hacer después de graduarte? (buscar empleo de tiempo completo)
Me gustaría buscar un empleo de tiempo completo.

7. ¿Qué le interesaría hacer a Teresa? (conseguir el puesto de gerente)
A Teresa le interesaría conseguir el puesto de gerente.

Nombre ______________________ Clase ______________ Fecha ______________

¿A qué te dedicas?

Conditional

- The **conditional** is used to tell *what would happen* or *what someone would do* in a given set of circumstances: En tu lugar, **hablaría** con el profesor.
- Conditional endings are added to the infinitive: **-ía, -ías, -ía, -íamos, -íais, -ían**
- The conditional is also used to express the probability that something happened in the past: **Habría sido** muy tarde cuando salieron.

20 Escribe lo que las siguientes personas probablemente harían según sus gustos. Usa el condicional y sigue el modelo como guía. **Answers will vary. Sample answers provided.**

MODELO A Carla le encanta viajar y pasar tiempo con su familia.
Carla tomaría unas vacaciones largas con su familia.

1. A Antonio le gusta cantar y lo hace muy bien.
Antonio sería un cantante famoso.
2. A nosotros nos interesa ayudar a la gente.
Nosotros haríamos trabajo voluntario.
3. Ustedes prefieren un ambiente de trabajo más relajado.
Ustedes cambiarían el ambiente de trabajo.
4. Me resulta fácil trabajar con la gente y tengo talento para los negocios.
Yo podría trabajar como gerente de una empresa.
5. Mi hermano vio un anuncio para un puesto en su empresa favorita.
Tu hermano solicitaría el puesto.

21 Mira los dibujos y usa el condicional para darles consejos a las personas para sus próximas entrevistas. **Answers will vary. Sample answers provided.**

1. **Llegaría temprano para la entrevista.**
2. **Usaría un traje formal.**
3. **Estaría muy segura de mí misma.**

GRAMÁTICA 2

Past subjunctive with hypothetical statements

- The **past subjunctive** is formed by removing the **-on** from the third person plural form of the preterite and adding the following endings: **-a, -as, -a, -amos, -ais, -an**
- The past subjunctive is used after **si** in hypothetical sentences that are contrary to fact or unlikely to happen. In the other clause, the conditional is used.

  Si hicieras la tarea, **aprobarías** el examen.
- An accent is added to the **nosotros** form of the verb:

  pensáramos **pudiéramos** **hiciéramos**

22 Completa las oraciones con la forma correcta del verbo según el contexto.

MODELO La supervisora te (ayudar) **ayudaría** si se lo pidieras.

1. Si yo (estudiar) **estudiara** más, no suspendería tantos cursos.
2. Si nosotros mandáramos más solicitudes, (conseguir) **conseguiríamos** más entrevistas.
3. El jefe le (dar) **daría** más responsabilidades a Lisa si ella tuviera un puesto de tiempo completo.
4. El gerente te daría más beneficios si tú se los (pedir) **pidieras**.
5. Si tú trabajaras más horas, (ganar) **ganarías** más dinero.

23 Cambia cada oración al pasado para formar oraciones hipotéticas.

MODELO Si actualizo mi currículum vitae, voy a conseguir más entrevistas.
Si actualizara mi currículum vitae, conseguiría más entrevistas.

1. Si eres más seguro de ti mismo, el jefe te va a dar más trabajo.
   Si fueras más seguro de ti mismo, el jefe te daría más trabajo.
2. Voy a seguir trabajando aquí si cambia el ambiente de trabajo.
   Seguiría trabajando aquí si cambiara el ambiente de trabajo.
3. Si haces un buen trabajo, el gerente te va a dar el puesto de supervisor.
   Si hicieras un buen trabajo, el gerente te daría el puesto de supervisor.
4. Si los empleados tienen una actitud negativa, el jefe se va a quejar.
   Si los empleados tuvieran una actitud negativa, el jefe se quejaría.
5. Nosotros vamos a estar felices si el jefe nos da más beneficios.
   Nosotros estaríamos felices si el jefe nos diera más beneficios.

GRAMÁTICA 2

Past subjunctive

If the main clause of a sentence requiring the subjunctive is in the past tense, the **past subjunctive** is used in the subordinate clause.

main clause: past tense	subordinate clause: subjunctive
Yo le **pedí**	que se **quedara** conmigo.
Tú **sugeriste**	que **fuéramos** a la fiesta.

24 Completa cada oración con la frase que corresponda según el contexto.

c 1. Ella me pidió...
d 2. Nosotros lo ayudamos...
a 3. Su consejero le dijo...
e 4. El gerente de la empresa me llamó...
b 5. Pedro llamó a Ana...

a. que actualizara su currículum vitae.
b. para que fuera a su fiesta.
c. que la llevara a su casa.
d. para que aprobara su curso.
e. para que fuera a una entrevista.

25 Combina las frases y forma oraciones en el pasado.

MODELO nosotros / recomendar / Lola / buscar otro puesto
Nosotros recomendamos que Lola buscara otro puesto.

1. Alicia / pedir / ellos / dar un empleo
   Alicia pidió que ellos le dieran un empleo.
2. tus padres / hacer sacrificios / para que tú / tener éxito
   Tus padres hicieron sacrificios para que tú tuvieras éxito.
3. los empleados / esperar / el jefe / ser justo
   Los empleados esperaban que el jefe fuera justo.
4. el gerente / dudar / el joven / poder ser supervisor
   El gerente dudaba que el joven pudiera ser supervisor.
5. yo no / querer / asistir a la reunión / sin que tú / invitarme
   Yo no quería asistir a la reunión sin que tú me invitaras.
6. la empresa / requerir / los nuevos empleados / saber dos idiomas
   La empresa requería que los nuevos empleados supieran dos idiomas.

Huellas del pasado

1 Escoge la palabra que corresponda a cada una de las siguientes definiciones.

__b__ **1.** Son historias de fantasía con personajes y lugares encantados.
a. los palacios **b.** los cuentos de hadas **c.** los reyes

__a__ **2.** Es un personaje con poderes mágicos.
a. el hechicero **b.** el rey **c.** la princesa

__b__ **3.** Es el personaje que pretende ser leal pero no lo es. Hace daño a las personas para beneficiarse.
a. el rey **b.** el traidor **c.** el sabio

__a__ **4.** Son características fantásticas de algunos personajes que los ayudan en sus aventuras.
a. los poderes **b.** los castigos **c.** las traiciones

__c__ **5.** Es lo que se debe pagar por las malas acciones realizadas.
a. los poderes **b.** el hecho **c.** el castigo

2 Ordena las letras de las siguientes palabras basándote en las pistas.

Pista	Letras	Palabra
1. Es el espíritu de una persona que ha muerto.	afmasatn	**fantasma**
2. Es una historia de hace mucho tiempo que se cree que tiene algo de verdad.	nayeled	**leyenda**
3. Es una construcción muy grande donde viven los reyes.	coalapi	**palacio**
4. Es la hija del rey y la reina.	enarispc	**princesa**
5. Es una persona que tiene muchos conocimientos	oabis	**sabio**

3 Lee las siguientes oraciones y decide si cada una es **cierta** (C) o **falsa** (F).

__F__ **1.** Los mitos son historias basadas completamente en hechos reales.

__C__ **2.** En un cuento de hadas muy a menudo los personajes se enamoran.

__F__ **3.** Los templos de civilizaciones del pasado fueron construidos para dedicarlos a los traidores de sus leyendas.

__C__ **4.** La creación es uno de los fenómenos que muchas leyendas y mitos tratan de explicar.

__C__ **5.** El rey y la reina suelen vivir en un palacio.

VOCABULARIO 1

4 Completa el siguiente cuento con las palabras del cuadro.

palacio encantado	**según nos dicen**	**príncipe valiente**	**érase una vez**
lugar misterioso	**se enamoraron**	**poderes mágicos**	**princesas**
reina sabio	**malvado**	**fantasmas rey**	**traidor**

(1) **Érase una vez**, en un lugar muy lejano, un reino muy grande y rico. En él había un (2) **rey** muy bueno, padre de tres hermosas hijas, las (3) **princesas**. Se cuenta que de pronto un (4) **malvado** secuestró *(kidnapped)* a su hija menor, y (5) **según nos dicen**, el malvado la tenía encerrada en un (6) **palacio encantado** lleno de (7) **fantasmas** espantosos. El rey y la reina se pusieron muy tristes porque nadie podía salvar a su hija, hasta que un (8) **príncipe valiente** se ofreció a ayudarlos. Él les dijo: "Hace muchos años, un sabio me dijo que yo salvaría a una princesa del (9) **traidor** que se la había llevado". El príncipe viajó hasta el (10) **lugar misterioso** donde estaba el palacio, luchó contra los fantasmas y el malvado, y gracias a los (11) **poderes mágicos** que el (12) **sabio** le había dado, pudo rescatar a la princesa. Ellos (13) **se enamoraron**, se casaron y él se la llevó a vivir a su palacio donde se convirtieron en rey y (14) **reina**.

5 Ordena las siguientes oraciones de este cuento.

2 **a.** Un malvado la había secuestrado y la había puesto en una torre rodeada de dragones.

6 **b.** Al final, nos dimos cuenta que él era un príncipe.

4 **c.** Después de algún tiempo llegó un joven desconocido.

1 **d.** Hace muchos, muchos años vivía una princesa prisionera.

5 **e.** Tan pronto como llegó, derrotó a los dragones y salvó a la princesa.

3 **f.** A causa de esto, nadie podía rescatarla.

7 **f.** Y a partir de entonces, vivieron siempre felices.

VOCABULARIO 1

6 Haz que estas oraciones fluyan *(flow)* mejor, utilizando las expresiones de **¡Exprésate!** para comenzar, continuar y terminar una narración. Sigue la primera oración como guía. **Answers will vary. Sample answers provided.**

1. El príncipe dio una caminata por el bosque. Desapareció misteriosamente.
   Tan pronto como el príncipe dio una caminata por el bosque, desapareció misteriosamente.
2. El rey oyó la mala noticia. Se puso muy triste.
   El rey oyó la mala noticia. A causa de esto, se puso muy triste.
3. El rey no sabía qué hacer. Llegó un sabio que le dijo que un malvado se había llevado al príncipe.
   El rey no sabía qué hacer. Al final, llegó un sabio que le dijo que un malvado se había llevado al príncipe.
4. Los soldados capturaron al malvado y rescataron al príncipe. El malvado terminó en la cárcel.
   Los soldados capturaron al malvado y rescataron al príncipe. Según nos dicen, el malvado terminó en la cárcel.

7 Escribe un párrafo basándote en los dibujos.

Érase una vez, en un país lejano, un príncipe que estaba enamorado de una princesa. Según nos dicen, fue al castillo para pedir su mano en matrimonio. Tan pronto como llegó, el rey le dijo que no quería que su hija se casara. Se cuenta que el príncipe fue a la ventana de la princesa y le profesó su amor. La princesa se escapó con el príncipe y nunca se supo si vivieron siempre felices.

Answers will vary. Sample answer provided.

Huellas del pasado

Preterite and imperfect in storytelling

When you want to tell a story, use:

- the **imperfect** to describe the background or setting of the story.
- the **preterite** to describe completed actions or interrupting events in the story.

Nosotros **buscábamos** la llave cuando **entró** el rey.

The **past progressive** is often used in the same context as the imperfect.

Yo **estaba leyendo** el cuento cuando papá **llegó.**

8 Completa la siguiente historia con el pretérito o el imperfecto según el contexto.

El palacio del malvado (**1**) **era** (era / fue) muy misterioso. (**2**) **Estaba** (Estuvo / Estaba) lleno de fantasmas. El príncipe (**3**) **quería** (quiso / quería) salvar a la princesa; por eso (**4**) **corrió** (corría / corrió) por los pasillos y (**5**) **luchó** (luchó / luchaba) contra los fantasmas. (**6**) **Llegó** (Llegaba / Llegó) hasta donde estaba la torre. (**7**) **Era** (Fue / Era) muy alta, pero él (**8**) **subió** (subía / subió) la larga escalera y (**9**) **rompió** (rompió / rompía) la puerta para que la princesa pudiera salir. Ella (**10**) **estaba** (estaba / estuvo) dormida cuando entró, y el príncipe no (**11**) **podía** (podía / pudo) despertarla porque ella (**12**) **estaba** (estuvo / estaba) hechizada. Finalmente, él la (**13**) **besó** (besaba / besó) y la princesa se (**14**) **despertó** (despertó / despertaba). Se (**15**) **casaron** (casaban / casaron) y vivieron felices para siempre.

9 Escribe oraciones usando el pretérito y el imperfecto y la información dada.

MODELO llover / irse la luz **Llovía cuando se fue la luz.**

1. nosotros estar estudiando / llegar mis padres
   Nosotros estábamos estudiando cuando llegaron mis padres.
2. ser las nueve de la noche / Andrés venir a visitarme
   Eran las nueve de la noche cuando Andrés vino a visitarme.
3. tú estar leyendo el periódico / alguien tocar a la puerta
   Tú estabas leyendo el periódico cuando alguien tocó a la puerta.
4. nosotros dormir / comenzar la tormenta
   Nosotros dormíamos cuando comenzó la tormenta.

Nombre ______________________ Clase ______________ Fecha ______________

CAPÍTULO **9**

GRAMÁTICA 1

Preterite and imperfect contrasted

Uses of the preterite:

- Describes completed past actions:
  El malvado **traicionó** al rey.
- Gives special meanings to verbs:
  Por fin el rey **supo** lo que pasó.

Uses of the imperfect:

- Describes habitual, ongoing past actions:
  La princesa **leía** todos los días.
- Indicates time in the past:
  Era la media noche.
- Describes mental or physical states in the past:
  Ella **era** solitaria.
- Indicates age in the past:
  Tenía quince años.

10 Completa las oraciones con el pretérito o el imperfecto de los verbos dados.

1. La hechicera (ser) **era** muy sabia y (tener) **tenía** poderes mágicos.
2. Yo no (saber) **sabía** esta leyenda hasta que mi amigo me la (contar) **contó**.
3. Yo (tener) **tenía** ocho años cuando (escuchar) **escuché** la leyenda por primera vez.
4. Recuerdo que (ser) **era** de madrugada y (haber) **había** una gran tormenta que me asustó mucho.

11 Contesta las siguientes preguntas utilizando la información en paréntesis. Usa el pretérito y el imperfecto según corresponda.

MODELO ¿Cuándo comenzó la tormenta? (las dos de la tarde)
Eran las dos de la tarde cuando comenzó la tormenta.

1. ¿Qué pasó mientras yo estaba en el baño? (terminarse la película)
   Se terminó la película mientras estabas en el baño.
2. ¿Estabas bien ayer? Te vi un poco triste. (discutir con mis padres)
   Ayer estaba un poco triste porque discutí con mis padres.
3. ¿Cómo era la persona que llamó a la puerta? (mujer joven y bonita)
   Era una mujer joven y bonita.
4. ¿Dónde estabas cuando te llamé? (estar en el jardín)
   Estaba en el jardín cuando me llamaste.
5. ¿Qué hiciste cuando estabas en la costa? (hacer windsurfing)
   Cuando estaba en la costa, hice windsurfing.

GRAMÁTICA 1

Por and *para*

POR	PARA
through or by: Caminó **por** el castillo.	purpose or intention: Voy a ir **para** visitarte.
mode of transportation: Viajamos **por** avión.	a recipient: Estas flores son **para** ti.
a period of time: Esperamos **por** veinte minutos.	a destination: Vamos **para** Santiago.
in exchange for: Cambié mi vestido **por** otro.	employment: Carlos trabaja **para** mí.
"per": Gano cien dólares **por** semana.	a deadline: Lo necesitamos **para** el viernes.
the agent of an action, "by": La canción fue escrita **por** ella.	an opinion: **Para** nosotros, el cuento es muy triste.

12 Combina las frases y forma oraciones lógicas usando **por** y **para.**

c 1. Estuvimos de visita por...

a 2. Tengo que tener lista mi tarea para...

d 3. Antes se viajaba a Europa por...

b 4. Ese vuelo es para...

a. mañana.
b. Argentina.
c. un par de horas.
d. barco.

13 Completa las oraciones con **por** o **para.**

1. Esta canción es para ti; está escrita por mí.
2. Para mí, viajar por tren es más interesante.
3. Voy a comprar flores para dártelas por ser mi amigo.
4. Voy para mi casa, después paso por ti.

Idiomatic expressions with **por** and **para: por ahora, por cierto, por consiguiente, por favor, por fin, por lo tanto, por supuesto, por todas partes, para nada, para siempre**

14 Completa las oraciones usando una expresión con **por** o **para.**

1. ¡No me gusta este cuento para nada!
2. Esperamos y esperamos, y por fin llegó abuelo.
3. Luego haremos la tarea, pero por ahora vamos a jugar.

Huellas del pasado

15 Ordena las letras de las siguientes palabras basándote en las pistas.

Pista	Letras	Palabra
1. Lo contrario a la victoria es la ____ .	aretrdo	**derrota**
2. Quien logra victorias en beneficio de su país es un ____ .	ohrée	**héroe**
3. Tener ____ es no depender para nada de nadie.	rabitled	**libertad**
4. El enfrentamiento físico de dos grupos contrarios se da en el campo de ____.	ltalaba	**batalla**
5. La persona que sin ser elegida, dirige el gobierno de un país donde nadie tiene libertad es un ____ .	idotracd	**dictador**

16 Lee las siguientes oraciones y decide si cada una es **cierta (C)** o **falsa (F)**.

__F__ **1.** Un cobarde es una persona que lucha por la libertad de su país.

__C__ **2.** Los que ganan la batalla se regocijan.

__F__ **3.** En las guerras no hay víctimas.

__C__ **4.** Los exploradores que vinieron a América establecieron colonias.

__C__ **5.** La bandera es un símbolo importante de un país.

17 Escoge la palabra que corresponda a cada una de las siguientes definiciones.

__c__ **1.** Decidir terminar la guerra.
a. regocijarse **b.** declarar la guerra **c.** acordar la paz

__b__ **2.** Es un rectángulo de tela *(fabric)* que es el símbolo de un país.
a. la libertad **b.** la bandera **c.** la heroína

__a__ **3.** Es el lugar en donde se enfrentan las tropas enemigas para luchar.
a. el campo de batalla **b.** la bandera **c.** el imperio

__b__ **4.** Es el enfrentamiento de la población contra los dictadores en el poder.
a. la independencia **b.** la revolución **c.** la guerra

__b__ **5.** Es alguien que tiene miedo de enfrentar sus responsabilidades.
a. un soldado **b.** un cobarde **c.** una heroína

VOCABULARIO 2

18 Completa cada oración con la frase que corresponda según el contexto.

__d__ 1. El sueño de mi vida es conmemorar a...

__e__ 2. Los sudamericanos tenían muchas esperanzas de...

__b__ 3. Es de esperar que en las guerras...

__a__ 4. Teníamos muchos deseos de...

__c__ 5. Ojalá que la guerra no sea...

a. sacar del poder al dictador y lograr la justicia.
b. haya pocas víctimas.
c. muy larga y sangrienta.
d. los héroes que lograron la independencia de mi país.
e. liberarse del control de los españoles.

19 Completa las siguientes oraciones. **Answers will vary. Sample answers provided.**

MODELO El sueño de la vida de José de San Martín **era lograr la independencia de Argentina.**

1. Los revolucionarios tenían muchas esperanzas de **obtener justicia.**
2. Era de esperar que **las colonias declararan la guerra a los españoles.**
3. Nuestro sueño es **honrar a la patria.**
4. Ojalá que nuestro país **no tenga otro dictador.**
5. Es mi deseo que **el pueblo alcance la libertad.**

20 Responde a cada comentario usando expresiones de **¡Exprésate!**

Answers will vary. Sample answers provided.

MODELO Catalina tiene un examen mañana.
Ojalá que su examen no sea muy difícil.

1. Los Ruiz quieren que sus hijos conozcan el mar.
   Es de esperar que viajen a la costa.
2. Eduardo está muy feliz porque empezó a estudiar leyes.
   El sueño de su vida es ser abogado.
3. Estoy muy feliz porque mis amigos Enrique y Ana se comprometieron.
   Tenía muchas esperanzas de que se casaran pronto.
4. Mi salario no me alcanza para vivir.
   Ojalá que me aumenten el salario.

Nombre _______________ Clase _______________ Fecha _______________

CAPÍTULO **9**

VOCABULARIO 2

21 Completa las oraciones con la palabra o frase que corresponda según el contexto.

a 1. El dictador no se arrepintió de...
   a. haber tomado el poder.   b. acordar la paz.   c. sus sacrificios.

b 2. Nosotros les agradecimos a nuestros papás que...
   a. se fueran de viaje.   b. se sacrificaran por nosotros.   c. no vinieran.

c 3. Es lamentable que...
   a. haya paz.   b. se logre la independencia.   c. haya víctimas.

b 4. Los soldados agradecen que haya...
   a. derrota.   b. justicia.   c. víctimas.

c 5. Luis lamenta que Carlos se haya vuelto...
   a. un buen amigo.   b. un buen soldado.   c. un cobarde.

22 Reacciona a las siguientes situaciones usando expresiones de **¡Exprésate!** para agradecer o lamentarse. **Answers will vary. Sample answers provided.**

MODELO Érica no tomó apuntes en clase.
Ella se arrepiente de no haber tomado apuntes en clase.

1. Andrea y Regina ya no son amigas.
   Es lamentable que ya no sean amigas.
2. Carlos me ayudó a estudiar.
   Le agradecí a Carlos que me ayudara a estudiar.
3. Nuestros comentarios te ofendieron.
   Nos arrepentimos de haberte ofendido.
4. Hay gente que no tiene comida.
   Es lamentable que haya gente que no tenga comida.
5. Ellos ayudaron al director a limpiar el colegio.
   El director les agradeció que lo ayudaran a limpiar el colegio.

Nombre ______________________ Clase ______________ Fecha ______________

CAPÍTULO 9

Huellas del pasado

GRAMÁTICA 2

Uses of the subjunctive mood

- Expressions of hope, wish, or recommendation:

  Ojalá que no **haya** guerra.

- Expressions of feelings, emotions, or judgments:

  Es triste que **sufra** la gente.

- With the unknown or nonexistent:

  Busco a alguien que **sea** confiable.

- Expressions of doubt and denial:

  Dudo que **tengamos** suerte.

- With certain adverbial conjunctions when they indicate future events: **a menos (de) que, antes de que, con tal (de) que, en caso de que, para que, en cuanto, cuando, después de que,** and **tan pronto como:**

  En caso de que haya un dictador, habrá una revolución.

23 Completa las oraciones con la forma del verbo que corresponda según el contexto.

1. Me alegra que nosotros (tener) **tengamos** vacaciones.
2. No conozco a nadie a quien le (gustar) **guste** escalar.
3. No creo que (ir) **vaya** a llover hoy.
4. Ojalá que nosotros (aprobar) **aprobemos** el curso.
5. En cuanto nos (graduar) **graduemos**, trabajaremos como abogados.

24 Completa el párrafo con la forma del verbo que corresponda según el contexto.

Necesitamos un soldado valiente para que (1) **sea** (ser) el líder de nuestras tropas. Tenemos que (2) **vencer** (vencer) al enemigo y debemos encontrar a este soldado antes de que (3) **empiece** (empezar) la batalla. Nosotros (4) **queremos** (querer) la libertad y sólo la tendremos cuando el malvado (5) **salga** (salir) del poder. Estamos seguros de que con un líder fuerte, (6) **podremos** (poder) lograr nuestros objetivos. Ojalá que esta guerra no (7) **dure** (durar) mucho tiempo y que pronto (8) **podamos** (poder) regocijarnos, después de que nos (9) **hayamos** (haber) liberado.

GRAMÁTICA 2

Sequence of tenses

The tense of the verb in the main clause of a compound sentence determines the tense of the verb in the subordinate clause. This agreement between both verbs is known as the **sequence of tenses.**

If the verb in the main clause does not require the use of the subjunctive, use the indicative in the subordinate clause.

	MAIN CLAUSE		SUBORDINATE CLAUSE	
(present)	**Dice**		**va** a estudiar.	(future)
(present perfect)	**Ha dicho**	que	**estudiará** más tarde.	(future)
(future)	**Dirá**		**estudió** mucho.	(preterite)
(command)	**Dile**		ya **has estudiado.**	(present perfect)

If the verb in the main clause requires the use of the subjunctive, the **present subjunctive** is used in the subordinate clause after each of the verb forms above, for example:

	MAIN CLAUSE		SUBORDINATE CLAUSE	
(present)	**Quiere**		**estudiemos.**	(present subjunctive)
(command)	**Dile**	que	**estudie.**	(present subjunctive)
(future)	**Pedirá**		**lo acompañemos.**	(present subjunctive)

25 Completa las oraciones con la forma del verbo que corresponda.

1. Alma me sugiere que me (mantengo / mantenga) **mantenga** informado.
2. (Estuve / Estoy) **Estoy** seguro de que ella lee el periódico.
3. Lamenta que no (estemos / estamos) **estemos** de acuerdo con él.
4. Aconséjale que (hizo / haga) **haga** un esfuerzo para informarse.
5. Mamá dice que ella (vio / veía) **veía** las noticias todos los días de joven.

26 Completa las siguientes oraciones.

Answers will vary. Sample answers provided.

1. He escuchado que...
   los monumentos de Washington, D.C. son bellos.
2. Mis amigos dicen que...
   muchos turistas van a la ciudad todos los años.
3. Mis papás verán que...
   la ciudad ha cambiado bastante.
4. Espero que...
   ellos puedan ir a los monumentos para honrar a los soldados.

GRAMÁTICA 2

More on sequence of tenses

If the verb in the main clause does not require the use of the subjunctive, use the indicative in the subordinate clause.

	MAIN CLAUSE		SUBORDINATE CLAUSE	
(preterite)	**Dijo**	que	**estudió** ayer.	(preterite)
(imperfect)	**Decía**		**estudiaba** siempre.	(imperfect)
(past perfect)	**Había dicho**		**estudiaría,** pero no lo hizo.	(conditional)
(conditional)	**Diría**		ya **había estudiado.**	(past perfect)

If the verb in the main clause requires the use of the subjunctive, the **past subjunctive** is used in the subordinate clause after each of the verb forms above, for example:

	MAIN CLAUSE		SUBORDINATE CLAUSE	
(imperfect)	**Quería**	que	lo **visitáramos** en su casa.	(past subjunctive)
(past perfect)	**Había pedido**		lo **acompañáramos** a casa.	(past subjunctive)

27 Completa las oraciones con la forma del verbo que corresponda.

1. Me aconsejó que (voy / fuera) **fuera** a ver al doctor.
2. Mi jefe dijo que (tendría / tenga) **tendría** que llegar al trabajo tarde.
3. (Escucharemos / Escuchamos) **Escuchamos** que habían despedido a mucha gente.
4. Decían que un empleado ya (lograría / había logrado) **había logrado** la confianza del jefe.
5. Mi padre (insiste / insistió) **insistió** en que me quedara en casa.

28 Combina las frases para formar oraciones. **Answers will vary. Sample answers provided.**

MODELO el profesor quería que nosotros / tomar más apuntes
El profesor quería que nosotros tomáramos más apuntes.

1. mi tía me contó que / ir a Europa cuando era joven
   Mi tía me contó que había ido a Europa cuando era joven.
2. los niños dijeron que ya / terminar de comer
   Los niños dijeron que ya habían terminado de comer.
3. ella diría que el día anterior yo / ofenderla
   Ella diría que el día anterior yo la había ofendido.
4. el locutor dijo que ayer / haber un problema con la electricidad
   El locutor dijo que ayer hubo un problema con la electricidad.

Nombre ______________________ Clase ______________ Fecha ______________

El mundo en que vivimos

VOCABULARIO 1

1 Ordena las letras de las siguientes palabras basándote en las pistas.

Pista	Letras	Palabra
1. Se dan cuando las personas se reúnen en un lugar público para protestar por una injusticia.	nasafotecenisim	**manifestaciones**
2. Se da cuando las personas se solidarizan y ponen su dinero y/o esfuerzo en una causa común.	oricopónace	**cooperación**
3. Algo que causa mucho miedo es ____ .	rotarader	**aterrador**
4. Es la primera vez que algo se presenta al público.	neretos	**estreno**
5. Cuando las personas no tienen interés en algo muestran ____ .	ridefnianice	**indiferencia**

2 Lee las oraciones y decide si cada una es **cierta** (C) o **falsa** (F).

F 1. Una bomba es un desastre natural.

C 2. El fútbol es muy importante en Latinoamérica.

F 3. El descubrimiento de ruinas causa pánico entre la población.

F 4. Los arqueólogos se dedican a inventar nuevas máquinas.

C 5. Los exploradores siguen buscando naves hundidas en el mar.

3 Escoge la palabra que corresponda a cada definición.

c 1. Algo que explota y causa mucha destrucción.
a. el pánico **b.** la erupción **c.** la bomba

b 2. Proceso en el que la población escoge a sus gobernantes de entre distintos candidatos.
a. la cooperación **b.** las elecciones **c.** la solidaridad

c 3. Un acontecimiento geológico en que un volcán arroja lava y fuego.
a. la manifestación **b.** la bomba **c.** la erupción

a 4. Son las personas que escapan de su país por razones políticas y piden asilo en otro.
a. los refugiados **b.** los inventos **c.** las momias

a 5. Cuando algo nos provoca fuertes sentimientos.
a. conmovedor **b.** aterrador **c.** espantoso

VOCABULARIO 1

4 Completa la conversación entre Andrea y Jorge con las frases del cuadro.

estreno de una película	**lo recuerdo como**	**indiferencia**	**para nada**
campeonato de fútbol	**acuerdas cuando**	**hacías cuando**	

Andrea Oye Jorge, ¿Te (1) **acuerdas cuando** eruptó el volcán?

Jorge No, no me acuerdo (2) **para nada**.

Andrea ¡Claro que te acuerdas! Fue hace dos años, el día del último partido del (3) **campeonato de fútbol**.

Jorge ¡Ah sí! (4) **Lo recuerdo como** si fuera ayer. Yo estaba en el estadio viendo el partido, y la erupción causó pánico entre los espectadores. Y tú, ¿qué (5) **hacías cuando** sucedió?

Andrea Yo estaba en el (6) **estreno de una película** muy famosa, pero hubo (7) **indiferencia** en el público porque no nos dimos cuenta de lo que pasó hasta que salimos.

5 Basándote en los dibujos, escribe lo que hacían las personas cuando empezó la tormenta. **Answers will vary. Sample answers provided.**

Pedro

MODELO Pedro estaba en el parque jugando al béisbol cuando empezó la tormenta.

1. mi familia y yo

2. Lisa

3. los estudiantes

1. **Mi familia y yo estábamos en la playa tomando el sol.**
2. **Lisa estaba fuera del cine esperando a un amigo.**
3. **Los estudiantes estaban en el colegio tomando un examen.**

VOCABULARIO 1

6 Completa cada oración con la frase que corresponda según el contexto.

d 1. A pesar de que hubo accidentes este año...

c 2. Me parece que la población...

e 3. Creo que vale la pena acordarse de...

f 4. Estoy de acuerdo con la democracia...

a 5. Hace diez años, las noticias no llegaban tan rápido a la gente, pero ten en cuenta que...

b 6. Lo que noto es que nuestro país ha mostrado mucha compasión al...

a. antes no existían medios masivos de comunicación.
b. ayudar a los refugiados de las dictaduras.
c. debe hacer manifestaciones contra las injusticias.
d. la población se solidarizó para ayudar a las víctimas.
e. los desastres del pasado para no repetirlos.
f. aunque, a veces, las elecciones no son tan honestas como deben de ser.

7 Contesta las siguientes preguntas según tu punto de vista personal.

1. ¿Qué notas acerca de los descubrimientos arqueológicos?
Yo noto que los descubrimientos arqueológicos nos ayudan a conocer las civilizaciones del pasado.

2. ¿Estás de acuerdo en que se hagan manifestaciones contra las injusticias?
Yo estoy de acuerdo en que se hagan manifestaciones, pero creo que deben tener una buena razón.

3. ¿Qué piensas acerca de las noticias en línea?
Hay que tener en cuenta que las noticias en línea son un medio de comunicación muy nuevo.

4. ¿Crees que vale la pena acordarse de los desastres del pasado?
Creo que vale la pena acordarse de los desastres del pasado para tratar de evitarlos en el futuro.

5. ¿Qué opinas de las últimas elecciones?
Me parece que fueron un desastre y además, no ganó mi candidato favorito.

Answers will vary. Sample answers provided.

Nombre ______________________ Clase ______________ Fecha ____________

CAPÍTULO 10

El mundo en que vivimos

GRAMÁTICA 1

Present and past progressive

- **Present progressive:** actions occurring right now
  Present tense of **estar/andar/seguir + present participle**

  Nosotras **estamos leyendo** el periódico.

- **Past progressive:** actions that were in progress in the past
  Imperfect tense of **estar/andar/seguir + present participle**

  Nosotras **estábamos leyendo** el periódico.

- The past progressive is often used to describe what was happening in the past when an interrupting event occurred.

  Nosotras **estábamos leyendo** el periódico **cuando entró mi papá.**

8 Completa la historia con el presente progresivo o el pasado progresivo.

Ahora yo (1) **estoy leyendo** (leer) sobre la erupción de un volcán en mi país. Los primeros en darse cuenta fueron unas personas que (2) **estaban haciendo** (hacer) senderismo cerca de ahí. Ellos les avisaron a los periodistas lo que (3) **estaba pasando** (pasar). Las personas que (4) **estaban viendo** (ver) la televisión se enteraron cuando el locutor dio la noticia. Mi papá cuenta que él (5) **estaba cenando** (cenar) cuando su mamá gritó: "¡El volcán (6) **está haciendo** (hacer) erupción!" Él me cuenta que fue espantoso; las personas (7) **estaban corriendo y gritando** (correr y gritar). No me gusta leer sobre cosas aterradoras, pero (8) **estoy tratando** (tratar) de mantenerme informado.

9 Contesta las siguientes preguntas con la información en paréntesis.

MODELO ¿Qué hacía Miguel cuando lo visitaste? (estudiar)
Miguel estaba estudiando cuando lo visité.

1. ¿Qué está haciendo Lourdes? (ver las noticias)
   Lourdes está viendo las noticias.
2. ¿Qué estaban haciendo ustedes cuando ocurrió el desastre? (escalar)
   Estábamos escalando cuando ocurrió el desastre.
3. ¿Qué anda diciendo Luisa sobre la noticia? (ser una mentira)
   Luisa anda diciendo que es una mentira.

GRAMÁTICA 1

Haber

- In the third-person singular, **haber** indicates existence of something.

  Hay muchas manifestaciones públicas en este país.
- **Present perfect indicative/subjunctive:** present indicative/subjunctive of **haber** + past participle

  Yo **he viajado** mucho. Dudo que **hayas viajado** mucho.
- **Past perfect indicative/subjunctive:** past indicative/subjunctive of **haber** + past participle

  Habíamos leído la noticia. No creí que **hubieras leído** la noticia.
- **Future/conditional perfect:** future/conditional of **haber** + past participle

  Habré viajado mucho cuando llegue a tu edad.
  Habría viajado este año, pero me enfermé.

10 Combina las frases para formar oraciones lógicas.

d 1. Yo habría ido a la fiesta con ellos, pero...
e 2. Dalia ha participado en...
a 3. Ya habíamos leído el libro cuando...
f 4. Víctor no puede creer...
b 5. Para el próximo mes...
c 6. Ojalá...

a. vimos la película en que lo adaptaron.
b. habrás terminado tus exámenes.
c. hubiéramos estudiado más.
d. me sentía muy mal.
e. dos manifestaciones en contra de la discriminación.
f. que ustedes lo hayan dejado plantado.

11 Completa las oraciones con la forma correcta de **haber**.

1. Muchos eventos importantes ___han___ ocurrido durante mi vida.
2. Creo que para el próximo siglo, los científicos ___habrán___ hecho aún más adelantos tecnológicos.
3. Si hubiera sabido lo que iba a pasar en el mundo de tecnología, ___habría___ tomado más clases de computación en la universidad.
4. Mi abuela no ___había___ usado el correo electrónico hasta que le enseñé cómo usarlo.
5. Ella no creía que yo ___hubiera___ aprendido tanto sobre la tecnología en tan poco tiempo.
6. Ahora ella dice que está sorprendida que yo no ___haya___ buscado trabajo en una empresa tecnológica.

GRAMÁTICA 1

Expressions of time

- To tell the duration of an action: **hace + amount of time + que**

  Hace dos años que conozco a Jaime.

- To tell how long ago something happened: **hace + amount of time + past tense**

  Hace diez años, trepaba a los árboles.

- To express *since:* **desde que**

  Desde que leo las noticias en línea, me mantengo informada.

- To explain how many times something has occurred you can use **ordinal** numbers:

  Es la **primera** vez que participo en una manifestación.

12 Completa las oraciones con **hace** o **desde.**

MODELO **Hace** tres meses que tenemos un carro eléctrico.

1. **Desde** que aprendí sobre la contaminación de la ciudad, he querido comprar este carro.
2. **Hace** veinte años, no había tanta contaminación en nuestra ciudad.
3. Me interesa el medio ambiente, y **hace** una semana, empecé una clase de ecología.
4. **Desde** que hicieron leyes sobre la contaminación, la calidad del aire ha mejorado.
5. Acabo de aprender sobre los recursos renovables, pero **hace** muchos años que reciclo.

13 Contesta las siguientes preguntas usando expresiones de tiempo.

Answers will vary. Sample answers provided.

1. ¿Cuánto tiempo hace que conoces a tu mejor amigo?
   Conozco a mi mejor amigo desde que éramos niños.
2. ¿Cuántas veces has hecho la escalada deportiva?
   Es la tercera vez que hago la escalada deportiva.
3. ¿Hace cuánto tiempo ibas a la primaria?
   Hace diez años, iba a la primaria.
4. ¿Hace cuánto tiempo que estudias español?
   Hace tres años que estudio español.
5. ¿Desde cuándo tocas la guitarra?
   Toco la guitarra desde que era niña.

El mundo en que vivimos

VOCABULARIO 2

14 Ordena las letras de las siguientes palabras basándote en las pistas.

Pista	Letras	Palabra
1. la adicción a las drogas	congóraciddi	**drogadicción**
2. problema de no tener qué comer	mehrab	**hambre**
3. volver a usar un objeto que ya ha sido usado	ceracril	**reciclar**
4. un recurso que por combustión produce energía	sobibumclet	**combustible**
5. el lugar donde se tiran todos los desperdicios	uoberasr	**basurero**

15 Escoge la palabra que corresponda a cada definición.

__a__ **1.** Los recursos del medio ambiente son:
a. naturales. **b.** artificiales. **c.** contaminados.

__a__ **2.** Es una fuente de energía alternativa que usa la fusión nuclear.
a. la energía nuclear **b.** los combustibles **c.** los pesticidas

__b__ **3.** Son productos que se siembran sin utilizar pesticidas.
a. híbridos **b.** orgánicos **c.** innovadores

__c__ **4.** Para mejorar la calidad del aire hay que evitar la:
a. enfermedad. **b.** drogadicción. **c.** contaminación.

__a__ **5.** Una forma de darles a las generaciones futuras un mundo mejor es:
a. conservar. **b.** contaminar. **c.** desperdiciar.

16 Lee las oraciones y decide si cada una es **cierta** (C) o **falsa** (F).

__C__ **1.** El crimen, el desempleo y el hambre son problemas que necesitan solución.

__F__ **2.** No existen recursos renovables.

__C__ **3.** La energía solar es una fuente de energía alternativa.

__C__ **4.** El resultado del uso de pesticidas es la contaminación del agua.

__F__ **5.** El carro eléctrico no es una solución innovadora a la contaminación del aire.

VOCABULARIO 2

17 Escribe la letra de la palabra que no corresponda al grupo.

c	**1. a.** el crimen	**b.** la drogadicción	**c.** el planeta
c	**2. a.** la energía solar	**b.** los combustibles	**c.** los pesticidas
b	**3. a.** orgánico	**b.** aterrador	**c.** natural
a	**4. a.** conservar	**b.** contaminar	**c.** desperdiciar
a	**5. a.** el futuro	**b.** el hambre	**c.** el desempleo
b	**6. a.** reciclar	**b.** crecer	**c.** conservar

18 Completa cada oración con la frase que corresponda según el contexto.

f **1.** A que no logra solucionar el gobierno...

e **2.** Te apuesto que disminuirá...

a **3.** Calculo que las autoridades van a establecer...

b **4.** Ya verás que muy pronto todos los carros...

d **5.** Es muy posible que los científicos...

c **6.** Se advierte que no utilicemos...

a. leyes más estrictas contra la contaminación.
b. serán eléctricos.
c. pesticidas al sembrar.
d. descubran pronto nuevas fuentes de energía.
e. la contaminación si todos reciclamos.
f. el problema de la drogadicción en nuestro país.

19 Haz tus propias predicciones y advertencias para la próxima década sobre cada uno de los temas dados. **Answers will vary. Sample answers provided.**

MODELO la contaminación
Te apuesto que habrá menos contaminación.

1. los adelantos tecnológicos
Ya verás que se lograrán muchos adelantos tecnológicos.

2. la discriminación
Se advierte que la discriminación será un problema grave.

3. el hambre
Es muy posible que el problema del hambre empeore.

4. los medios de transporte
Calculo que van a implementar medios de transporte innovadores.

5. los medios de comunicación
A que los medios de comunicación serán cada vez más rápidos.

VOCABULARIO 2

20 Completa la conversación entre el padre y su hijo con las frases del cuadro.

supongo que con la creación de empleos	**es de suponer que**
me imagino que para el próximo año	**supongo que sí**
a lo mejor haya más oportunidades	

Hijo Papá, ¿tú crees que los problemas económicos de nuestro país mejoren en los próximos años?

Padre Claro, (1) **es de suponer que** el país pronto superará esta crisis.

Hijo ¿Y cómo piensas que se pueda lograr?

Padre (2) **Supongo que con la creación de empleos** se solucionará el problema del desempleo, y junto con la inversión en las compañías nacionales, nuestra economía mejorará.

Hijo ¿Cuándo crees que la situación sea mejor?

Padre (3) **Me imagino que para el próximo año** la moneda aumentará de valor y que (4) **a lo mejor haya más oportunidades** de comercio con otros países. ¿No crees?

Hijo Bueno, (5) **supongo que sí**. Eso espero.

21 Contesta las siguientes preguntas según tus opiniones personales.

MODELO ¿Cómo crees que le vaya a tu hermana en sus exámenes?
Es de suponer que aprobará todos sus exámenes.

Answers will vary. Sample answers provided.

1. ¿Qué crees que suceda para el año 3000?
   Me imagino que para el año 3000 viviremos en otros planetas.
2. ¿Crees que habrá suficientes empleos el próximo año?
   Es de suponer que no habrá suficientes empleos el próximo año.
3. ¿Disminuirá la contaminación?
   A lo mejor haya menos contaminación el próximo año.
4. ¿Habrá algún desastre natural el próximo año?
   Seguramente habrá algunas tormentas fuertes.
5. ¿Crees que las personas sigan reciclando?
   Supongo que sí seguirán reciclando.

El mundo en que vivimos

Future tense

- **Ir a + infinitive** expresses future actions.

  Voy a usar la energía solar en mi próxima casa.

- The **future** tense is used to talk about future events. The following endings are added to the infinitive form of the verb: **-é, -ás, -á, -emos, -éis, -án**

  La contaminación **será** un problema en el futuro.

- The future tense can also be used to express the probability of something happening or being true.

  No reconozco este carro. **Será** uno de los nuevos carros híbridos.

22 Vuelve a escribir las oraciones en el futuro.

MODELO Los adelantos tecnológicos mejoran con el tiempo.
Los adelantos tecnológicos mejorarán con el tiempo.

1. Si conservamos, nuestros hijos pueden tener un planeta sano.
   Si conservamos, nuestros hijos podrán tener un planeta sano.
2. Todos los carros eléctricos son buenos para el medio ambiente.
   Todos los carros eléctricos serán buenos para el medio ambiente.
3. Los campesinos siembran sólo productos orgánicos.
   Los campesinos sembrarán sólo productos orgánicos.
4. Hay muchos problemas con la calidad del aire.
   Habrá muchos problemas con la calidad del aire.

23 Contesta las siguientes preguntas usando el futuro de probabilidad.

MODELO ¿Por qué será que los productos orgánicos son más sanos?
Será que los productos orgánicos no tienen pesticidas.

Answers will vary. Sample answers provided.

1. ¿Por qué no hay basura en el basurero?
   La gente habrá tirado la basura en la calle.
2. ¿Qué le pasará al bebé?
   El bebé tendrá hambre.
3. ¿Por qué el hombre está enfermo?
   Sufrirá de una enfermedad.
4. ¿Por qué las fábricas ya no producen tanta contaminación?
   Existirán leyes en contra de la contaminación.

GRAMÁTICA 2

Subjunctive with doubt, denial, and feelings

Main clauses expressing doubt, denial, or feelings require the **subjunctive** in the subordinate clause.

Expressions of doubt and denial:
dudar que, no creer que, no es cierto que, no estar de acuerdo que, no estar seguro(a) (de) que, no es verdad que, negar que, parece mentira que

Expressions of feelings:
es triste que, es una lástima que, me alegra que, me frustra que, me gusta que, me molesta que, me preocupa que, me sorprende que

Dudo que papá **vaya** a comprar un carro eléctrico.
Es una lástima que la gente no **recicle.**

24 Completa las oraciones con el indicativo o el subjuntivo del verbo que corresponda según el contexto.

ser	**tener**	**desperdiciar**	**existir**	**poder**

1. Creo que **tenemos** que reciclar.
2. No es verdad que **exista** mucho desempleo.
3. Me preocupa que la calidad del aire **sea** mala.
4. No estoy de acuerdo en que se **desperdicien** recursos naturales.
5. Mi profesor dice que **podemos** mejorar nuestro planeta para las generaciones futuras.

25 Completa las siguientes oraciones con tu propia opinión. Usa palabras de **Vocabulario** y sigue el modelo como guía.

MODELO Me gusta que los jóvenes **se preocupen por el medio ambiente.**

Answers will vary. Sample answers provided.

1. Dudo que en el futuro...
   vivamos en la Luna.
2. Me sorprende que algunas personas...
   no se preocupen por conservar el medio ambiente.
3. Parece mentira que...
   haya personas que no reciclen.
4. Es una lástima que...
   exista el crimen.
5. No negamos que...
   tenemos que hacer un plan para mejorar el medio ambiente.

GRAMÁTICA 2

Subjunctive and indicative with adverbial clauses

- **Adverbial clauses** that always contain the **subjunctive:**
  a menos (de) que, antes de que, con tal (de) que, en caso de que, para que

  Voy a comprar las frutas orgánicas **a menos de que sean** muy caras.

- Adverbial clauses that contain the subjunctive when they refer to a future action (followed by the indicative for past or habitual actions):
  cuando, en cuanto, después de que, hasta que, tan pronto como

  Queremos sembrar **en cuanto llegue** la primavera. (future action)

  Siempre reciclo las botellas **en cuanto están** vacías. (habitual action)

26 Completa las oraciones con la forma del verbo que corresponda.

1. Para que (disminuye / disminuya) **disminuya** el hambre, todos debemos ayudar a los que no tienen qué comer.
2. Tan pronto como (salga / salía) **salía** de clases, iba a jugar fútbol con mis amigos.
3. En cuanto (llegues / llegabas) **llegues**, comenzará la manifestación.
4. Antes de que se (acaben / acaban) **acaben** los recursos no renovables, debemos encontrar fuentes de energía alternativas.
5. Todos los días después de que (vayamos / íbamos) **íbamos** al colegio, tomábamos clases de baile.

27 Completa las siguientes oraciones.

MODELO El hambre seguirá siendo un problema grave hasta que **las autoridades ayuden a las personas que no tienen qué comer.**

1. Siempre reciclo los productos cuando...
   termino de usarlos. **Answers will vary. Sample answers provided.**
2. No voy a tirar estas botellas en el basurero en caso de que...
   sean reciclables.
3. Voy a apoyar la ley en contra de la contaminación para que...
   mejore la calidad del aire.
4. Pienso estudiar ecología en cuanto...
   me gradúe del colegio.
5. Siempre participo en las manifestaciones cuando...
   se tratan del medio ambiente.